万川
reflections

一步万里阔

持家的人

女性劳动与能源变革

IN A NEW LIGHT

Histories of Women and Energy

Edited by

Abigail Harrison Moore

and

R.W.Sandwell

[英] 阿比盖尔·哈里森·摩尔
[加] R.W.桑德威尔 编

—

李菲 译

中国工人出版社

目录

前　言　... 1

第一章
新视角：女性与能源　... 17

第二章
在照明史中寻找女性：
英国家庭中的蜡烛　... 50

第三章
女性、焦虑和化石燃料：
家庭成了危险的空间　... 74

第四章
家庭供电：
女性的矛盾心理和使用指南　... 101

第五章
改变的角色与性别环境：
英国能源工程中的女性　... 127

第 六 章
黑面包和洗衣机：
爱尔兰女性的怀旧与态度 ... 154

第 七 章
大加速时代的复杂行为：
德国鲁尔区的女性与能源 ... 178

第 八 章
人类世的女性：
20 世纪英国的能源、女性机构和家庭 ... 202

注 释 ... 224

前　言

重要的是我们思考事情的方法和理念……重要的是我们讲述故事的方式……重要的是创造世界的历史，重要的是创造历史的世界。[1]

能源是生命之源。

虽然在20世纪时，它在人们日常生活中并不为人所重视，但近些年来，能源已经成为社会各界探讨和分析的独立话题之一，这一点毫无疑问。我们已经认识到，人类生活中的方方面面——食物、水、交通、取暖纳凉、医药、通信、娱乐和整个世界的商品——都要依靠化石能源，而这些能源的大规模使用，导致了灾难性的气候变化。自 20 世纪 70 年代的石油危机以来，人们第一次对我们一直持有的观念——更多的能源消耗意味着世界会变得更美好——提出了共同质疑。人们担心，目前所谓的发达国家的能源消耗量过大且无法持续，更不必说这种趋势还扩大至发展中国家，在未来可能会损害人们舒适、便利和健康的生活。

各国政府和各行各业都在探索适用于未来的全新低碳战略和技术，而史学家们重新关注起了最先向大气中排放二氧化碳的能源变革。鉴于化石燃料在当今世界占据的改变社会的主导地位以及其造成的灾难性环境影响，正如 J.R. 麦克尼尔（J.R. McNeill）所说的，促进化石能源第一次大规模使用的工业革命，可以说是“人类社会 25 万年历史中最高级别的革命”。[2]

随着史学家重新关注工业革命，重新将能源使用的变革视作历史动因，能源研究学者也认识到了能源变革发生的整体历史背景的重要性，而并不仅仅关注能源变革时期科技和经济发展方面的背景。史学家将社会、环境和能源史进行了融合，创造出一种关注能源转型的社会 - 生态型新方法，将研究领域拓展至能源技术之外，不仅研究技术本身，还研究使用这些技术的环境。越来越多的学者成功地将“劳动、人和环境融入能源变革的历史之中”，[3]对于能源与资本、环境、社会变革及其发起者之间的关系，学者们正在进行重新评估。[4]与能源人文学科领域的其他学者一样，能源史学家们对能源在促进经济不平等方面的作用有了进一步的认识。种族、社会阶层、帝国主义、奴隶制、殖民主义与环境在能源变革中的作用，以及其跨国化、殖民化和后殖民化背景都正在被探索。[5]

但是，仔细查阅能源的社会使用史相关文献资料就能发现，通常的史学研究中缺少了一个很重要的角色——女性。可以说，在能源史研究中，性别是最不受关注的一个方面，女性与上一次推动社会变革的能源转型之间的关系也同样不受关注。能源研究仍然非常重视为工业社会奠定了基础的能源供应技术系统。我们对男性在组织、售卖、运营、修复和维护新能源系统（包括煤、石油、燃气和电力）方面的创新、劳动力投入、规划和发展的贡献进行了详尽分析，史学家们也记录了他们从事的活动对环境和社会造成的大规模影响。[6]能源史中还有一些关于男性和男性气概的重要研究，[7]并对能源变革的政治、文化和经济环境进行了仔细分析，巩固了我们对能源创新、运输和使用方式的理解。这些固然是很重要的议题，但以各种方式将能源与女性的生活联系起来同样很重要。但目前，除了一些重要的女性人物，这些联系交融的部分尚未得到充分了解与认识。

能源发展史中女性出现的频率不高，但是一旦出现，她们与能源的关系似乎跟男性与能源的关系有很大不同。如第一章所述，这是因为在很大程度上，能源史都被定义为“能源的工业使用历史”，特别是新的电力、石油、燃气和核电发展的历史。格雷梅·古蒂（Graeme Gooday）将欧美女性放置于能源发展史的核心地位，这是一个重要例外。其他的史学家也探索过女性在能源方面的作用，但这些作品通常被视为女性的发展史或文化史，以及家族的发展史，并未被视为能源发展史，而且能源史学家们也不关注这些作品。例如，一些研究关注了为新一代家庭能源消费者服务的职业女性们，包括设备“示范员”以及不断壮大的职业家庭科学与家政教育工作者。[8] 这些研究记录了女性劳动模式的变化，女性在家庭和社会中角色的变化，以及她们对自己角色的政治意识的提高。[9] 这些研究大多建立在 20 世纪的物质文化研究之上，通过探索国家电网和基础设施的发展来探索能源变革，重点关注燃气和电力，并揭示了男性在技术创新和发明中的领导作用。

本书认为，女性在能源史中近乎隐身的状态已成为一个问题，需要得以解释和纠正。[10] 没有哪种身份明确的群体愿意被排除在历史之外。女性在能源史中的缺席非常不正常。尽管有大量史料证明，综合种族、社会阶层和两性的发展进化史，女性既没有以连贯和本质化的方式引领能源变革的潮流，也没有主动跟随能源变革的潮流，但在社会的工业化和现代化进程中，性别似乎一直都是一种关键属性。本书关注了工业化较早的欧美国家和地区，在这些区域中，女性在新的集中化能源系统发展史中近乎隐身。这里有一个问题：如果在能源发展史中，性别不是一个分析类别，那么为什么女性会一致缺席？正如我们在后文介绍的那样，如果性别是影响早期工业社会能源变革的因素之一，也许，我们可以通过探索性别如何影响工业社会与能源的关系，以及研究为何会产生这样的影响，来了解和认识能源发展史。

本书不仅仅是将关于能源的不为人知的观念和看法融入能源史的介绍之中，正如弗兰克·特伦曼（Frank Trentman）所说的，能源史学家们重点关注新能源系统的开发方，“而我们主要关注能源的用途，这就凸显出了不同的人的作用：家庭主妇、孩子、老人，灯光设计师以及应用设备的销售者，还有需要依靠高耗能设备工作的上班一族”。[11] 我们认为，关注不同的人发挥的不同作用能够改变人们对能源发展史的认识。关注女性的身份，能让人们以新的方式去认识并不熟悉的历史，并理解能源在社会中不断变化的作用。本书致力于让史学家的目光重新聚焦到女性的家庭生活中，以加深我们对性别在能源史中作用的理解，以及能源在女性和两性发展史中作用的理解。

新视角

女性在能源史中的缺席反映并传达了人们对能源与社会的复杂关系的一些误解。本书的章节是按时间顺序排列的，其中一些内容阐述了许多女性接受了女性解放的观念，并成为新能源领域的科学家和专业人士、支持新能源开发的政治家和呼吁者；另一些内容探索了作为妻子和母亲的女性操持的家务劳动的多样性。女性体验能源变革的方式跟男性不同，通常是从家庭的角度体验的，而且这些体验存在时间和空间上的差异，包括在能源变革中的抗议、尝试、抵制与接受的行为。就女性在社会中不断变化的职责和角色而言，她们的体验经历总体上产生了一些不可预测的结果。本书揭示了女性在能源变革中的作用，以及这种作用是如何通过她们的经历体现出来的、为什么能够体现。

就整本书而言，探索了在女性的生活中，性别和能源是如何以性别化的方式相互交融的。推动了工业革命的能源变革，让两性生活的组织和结构方式产生了根本性改变。本书重点关注了19、20世纪的历史，英国是最先开始工业化的国家，也是本书的重点介绍对象。除此之外，本书还介绍了德国、爱尔兰和加拿大的能源史，探索了各地不同时期的工业化进程中的相似和不同之处。虽然本书的作者来自不同的国家和地区，持有的观念不一，使用了不同的研究理论去探索不同的时代，但本书的各章内容旨在提炼出跨学科的主题，帮助我们从新的视角，认识女性在能源变革中的重要和积极作用。本书大部分内容探讨了女性对于因性别差异而无法享有工业化进程带来的经济、社会和政治权利的不同反应。通过具体的案例研究，本书详细介绍了19、20世纪欧美能源史中女性的生活经历。

第一章既介绍了女性在以工业革命为名的能源变革中的独特作用，也介绍了女性在能源史中的史学性缺席，为全书内容提供了背景介绍。这一章旨在解释能源史为什么没有关注性别，为什么没有将家庭当作重要的分析类别，并介绍了在能源史中加入女性和家庭之后的变化。[12] 这一章探索了20世纪七八十年代的史学家对社会、人口、家庭和女性历史的研究，以及20世纪90年代的史学家对男性气概的研究，他们一致认为，工业化进程以对所有女性不利的方式重新定义了性别差异。随着家庭越来越依靠薪资生存，而薪资越来越多地由男性赚取，男性和女性的职责差异越来越大，新出现的男性劳工运动和日渐巩固的资产阶级意识形态将越来越多的女性置于家庭之中。[13] 与此同时，法律和意识形态方面的规定限制了女性在家庭之外从事带薪工作的机会，并让她们从意识形态上降到了只能从事无薪家务劳动的地位。由于女性获得有偿工作的机会受到习俗和保护性法规的限制，她们在非正式化经济活动中的无偿劳动也遭到了越来越多的贬低和轻视，且不被认为是"工作"。[14] 诸多研究表明，女性的无偿劳动虽然大部分都不受重视，却对支持家庭和社会发展有着至关重要的作用。在诸如烹饪、种菜、清扫、缝纫、计件工作、洗衣、借款和分配，当然还有照顾家人和接生等活动中，女性都是主要劳动力。[15] 第一章认为，尽管"分离领域"的意识形态被广泛引用，它以某种方式自然化并解释了女性在能源变革中的明显的隐形现象，但它实际上是工业化进程的一个未被承认的结果。女性在历史记载中的隐形性不仅掩盖了能源变革历史中的性别不平等，而且在这个过程中，这种隐形又巩固了持续的性别等级制度，引发了对男性劳动和女性劳动的不同评价，并为工业化世界提供了结构性支持。本书后续章节介绍了能源是如何被女性体验的，以及在多大程度上受到了女性在家中的劳动和休闲活动的影响和塑造。

在第二章中，凯伦·塞尔（Karen Sayer）探讨了关于照明材料的文化，为思考我们最古老的照明材料——蜡烛——开辟了一条新途径。塞尔探讨了女性在工业化之前时代的能源使用中发挥的重要作用，介绍了烛光照明管理所需的技能和专业知识，并记录了英国人对蜡烛进行改良和创新的历史中的性别和社会阶层差异。

第三章介绍的是加拿大的情况，R. W. 桑德威尔（R. W. Sandwell）仔细分析了女性在承担家庭职责时与能源的关系，探索了从未记载过的女性与新能源改革的关系：她们对使用具有潜在危险性的新能源感到恐慌和焦虑。这一章还重点关注了女性是怎样主动调整她们在家中的行为，以适应这种有风险的能源变革的。

阿比盖尔·哈里森·摩尔（Abigail Harrison Moore）以女性对新能源危险性的焦虑和她们采取的行动为主题，在第四章中探讨了 19 世纪末女性的新角色——她们既是工业化时代富裕新家庭中的新消费者，也是新的从业者，在家庭开始使用新能源时，她们为其他女性提供建议，使她们消除焦虑。本章还展示了女性如何在被工业化进程边缘化的家庭领域内找到新的、更有力的社会角色。女性通过成为消费者和专业人士，重新定义了在传统上被认为是“非生产性”的家庭领域。

本书中的许多章节直接或间接地表明，相对富裕的中产阶级家庭环境以及新的、特别的家庭模式是能源变革的关键因素——能源变革与女性密切相关。女性，特别是日渐增多的中产阶级女性，被迫将自己在家庭中的角色视为“道义上的”角色，创造了一种无报酬、未被认可的义务——为在外工作的丈夫提供健康而美好的家，让他们在疲累时回归。随着工业革命的发展，英国在社会、文化和物质方面发生了飞速改变，城市逐渐增多，商业和工业逐渐被认为“越来越残酷，越来越具有欺骗性……对 19 世纪的中产阶级而言，家代表了感情、真诚、诚实和爱”。[16] 这就促使社会开始向家庭提建议，其中包括“关于道德、宗教、政治经济、性别、社会地位、品位和舒适生活的理念”。[17] 这一时期的性别观念可以从 1867 年出版的《家庭的管理》(*The Management of the Home*) 一书给出的建议中清晰地体现出来:“丈夫不应该只期待和要求妻子把家里整理整洁。他日常生活中的所有都应该是美好的……这样能够抚慰在外面的工作中受到伤害的男性。”[18] 随着资本主义消费模式和百货商店的同步兴起，女性得到了“选择权”，但随着选择权而来的是对不可避免的“选择错误”的焦虑，以及要塑造一个反映她们品行和品位的家庭的压力，这种压力产生的根源，就在于她们的“一切都应围绕着家而转”的观念。正如英国艺术评论家约翰·罗斯金（John Ruskin）在《芝麻与百合》（*Sesame and Lilies*）中所说的："女人的能力不体现在权势和战争之中——她们的才智不是用于发明创造的，而是用于对家庭妥帖的整理安排，以及在家庭中作出决策和管理。"

中产阶级家庭主妇面临的压力为该阶级的女性提供了最初的工作机会，让她们有机会当咨询师和设计师，她们利用这些工作推动了争取选举权的运动。1888 年《英国艺术杂志》上的一篇文章评论说："我们需要工作，不仅仅是为了那些较贫穷、受教育程度较低的女性，她们会自然而然地投身于最需要体力和耐力的职业，还是为了那些必须为生计而奋斗的众多中产阶级女性。为了完成这些工作，中产阶级女性需要接受更为系统和彻底的教育……那些被教导如何彻底清洁房间的女仆，都比一般的年轻女士接受了更为实用的教育。"这篇文章提到，格拉斯哥国际展览会"女性艺术与工业部"设立的目标便是努力宣传"女性能做什么"的认识。因此，家庭装饰设计，包括家庭供热和照明管理，成了女性走向职业道路并获取必要培训的领域。[19]

有趣的是，女性在能源变革中最先从事的职业是手工制作、设计和装饰。一些女性主义艺术史学家认为，虽然手工艺被视为"次要的"艺术形式，但它让女性找到了一个突破性别界限的空间。虽然女性在艺术与手工艺运动中很活跃，在这些活动中既是制造者也是创作者，但她们直到19世纪90年代才能接受建筑设计方面的专业培训，因为在《已婚妇女财产条例》通过之前，她们不能签署合同，也不能参与法庭诉讼，因此无法承担建筑师的许多职业责任。[20] 工程行业的女性职业发展机会，通常隐藏在“妻子”和“夫人”的标签之后，正如爱丽丝·戈登夫人。她于1891年出版了《装饰用电》（*Decorative Electricity*），根据此书介绍，电力工程是她丈夫詹姆斯·爱德华·亨利·戈登的专职工作，而她只是负责室内用电装修工作。但正如格雷梅·古蒂（Graeme Gooday）指出的，戈登夫人在电力工程专业的能力，从很多方面而言都毫不逊色于她的丈夫。[21] 但她不得不以丈夫的缩写姓名来发表作品，掩盖自己作为电力专家的身份。

鲁斯·施瓦茨·柯万（Ruth Schwartz Cowan）在1983年出版的开创性著作《为母亲提供更多工作》（*More Work for Mother*）中，首次明确阐述了现代化技术不一定会解放女性的观念。他认为应用了现代化技术设备之后，女性反而有更多的工作要完成，因为新的设备提高了似乎永无休止的家务劳动的标准，减少了男性的参与度。[22] 自那时以来，史学家们一直对新型省力家用电器设备是否能让女性享有更多休息机会持怀疑态度，更不用说怀疑它们在促进性别平等方面的作用了。本书的一些作者参考了施瓦茨·柯万的作品，将女性在能源变革中的作用与19、20世纪全球复杂的文化、政治、经济状况联系起来，而不是将前者视作与后者无关的一种例外。此外，虽然本书的目标是以一种比以前更积极的方式重新审视女性在家庭中承担仆人、妻子和母亲职责时与能源的关系，但我们也探索了一种更开放的“女性类别”，重点关注女性在化石燃料变革中的各种经历活动，探索她们在其中发挥的能动性。

正如第五章中所证实的那样，20世纪早期，由于第一次世界大战给女性提供了更多的机会，女性在工程领域也获得了一定权力。在家庭能源消费方面，女性享有决策权，这有助于新兴的中产阶级女性精英创建工程协会机构，成为不断扩张的电力供应行业中不可或缺的参与者。来自社会各阶层的诸多女性联合打破了男性在工程和技术教育方面的垄断，同时更新了女性负责家庭内部能源管理的普遍性观念。古蒂在第五章中提出的观点与施瓦茨·柯万的观点形成了鲜明对比。柯万认为，20世纪早期的女性没有能力影响新的电力能源供应行业。古蒂的观点也跟托马斯·休斯（Thomas Hughe）在《电力能源系统》（*Networks of Power*）中介绍的情况相反，休斯着重介绍了男性对电力行业的垄断，而没有介绍女性在该行业的专业程度、需求和兴趣。[23] 古蒂研究了“女性的作用”这一主题，探讨了女性通过各种方式接受新职业的情况，她们有了新的职业选择机会，主动挑战性别刻板印象，并通过联盟协会获得力量。古蒂展现了英国女性如何拓展并重新定义了性别职责，如何成为新兴职业的专业人士，如何致力于帮助女性消费者解决家庭中的能源变革问题。

第六章中，索查·奥布里安（Sorcha O’ Brien）关注了爱尔兰女性在家庭中围绕能源所做的工作，以及她们为此而建立的组织机构。她探索了20世纪中后期，女性因使用新技能和新劳动方式为家庭提供能源而感受到的自豪感和挫败感，以及她们对新型能源的期望和恐惧。

第七章中，佩特拉·多拉塔（Petra Dolata）关注的是西德女性与能源的关系，女性作为一个集体为能源变革付出的努力也是多拉塔写作的主题。在这一章中，她更直接地探讨了女性如何处理工业化能源给她们带来的矛盾、危险和不便。她关注的是德国某地区的家庭主妇，在那里，煤炭开采过程中的危险性以及煤炭消费产生的污垢和污染长期以来不仅促成了劳动的性别分工，而且给女性在家中的劳动和家庭的健康幸福造成了负担。

本书的最后一章来自范妮莎·泰勒（Vanessa Taylor）。该章既是女性、能源和家庭的“微观历史”，也对这三者的关系进行了反思，巧妙地将能源生产的过程、家庭日常生活中能源文化的微妙体现，以及20世纪中叶能源变革为女性提供的新的就业机会结合在一起，详细介绍并分析了影响女性在现代能源变革中发挥作用的因素。文章最后总结称，在能源变革的热切讨论和政治文化中，现在似乎是再一次强调女性在能源密集型家庭技术变革中的作用的好时机。

本书记录了各种研究女性和能源关系的案例，其中贯穿了某些共同的主题。大部分的内容展示了女性接受了新能源变革，但也展示了在接受过程中女性表现出来的焦虑和矛盾心理。通过这些内容，我们可以看到是女性提高了能源的地位，为家庭中出现的新能源创造了需求、作出了安排。女性通过积极地参与能源变革，通过追求更平等的目标，获得了接触能源的机会。这些内容揭示出在家庭的能源消费和生产中，女性发挥的重要作用。这些文章还探索了女性对特定形式的能源变革的反应，探讨了她们参与的各种形式的能源变革，研究了她们在能源变革中的身份和地位的改变，以及她们采取的行为和体验经历。我们也能了解到她们在这个过程中建立的政治联盟和集体组织，以及她们独有的规范准则——偶尔还有她们自定义的特殊理论。我们可以将女性视作党派化的能源活动者，并了解影响女性作出能源决策的一些因素。

作者们之所以各自发表了正文中的文章，并将它们集结成书，是因为想要给予这段历史中的女性以权力，不只是重新定义她们在其中发挥的作用，不只是介绍女性在能源变革中的经历，还介绍了在这些重要变革的历史时刻，经过重构的社会权力关系。我们希望重新关注女性和科技在家庭中的作用，不想将女性塑造成被动或勉强接受男性决策的角色。相反地，我们提出，通过抗议、接受、参与和消费，女性可以在能源决策中发挥主动、积极且有影响力的作用。通过审视本书中介绍的历史，我们想要对当前的能源史研究提出建议：我们应当认识女性在大规模能源变革中发挥的作用，这有助于我们思考在追求碳中和的未来的紧迫运动中，人类能发挥的作用。

阿比盖尔·哈里森·摩尔

（Abigail Harrison Moore）

R.W.桑德威尔

（R. W. Sandwell）

第一章

新视角：女性与能源

在能源史中，女性起什么作用？女性在能源史上好像没有起什么作用，能源作为一种特别的、切实存在的重要物质，在很大程度上也与女性的经历无关。如今，要了解女性在能源开发与利用方面的经历，要探索女性在由能源开发引起的社会性变革中发挥的作用，家庭并不是唯一一个可以探索的地带，但是在 19、20 世纪的西欧和北美，关于能源利用方面的研究，确实可以从家庭中——通过女性的思想、精神追求和物质生活——探索女性在其中发挥的作用，并明确女性也是能源发展史中的重要角色。[1]

从某种意义上而言，探索女性在能源变革方面的作用并不是什么新鲜事。尽管直到当代，气候变化才让史学家们重新关注工业革命，并重新确定工业革命时期是化石燃料大规模使用的起始时期，[2]但史学家们一直认为，家庭对于工业化初期的经济发展发挥了至关重要的作用。[3]他们已经证实，女性和家庭是如何与社会、经济、政治和文化变革紧密联系在一起的，这些变革标志着欧美地区从农业社会向城市化、资本主义和工业化社会的转变。家庭本身发生了巨大的改变，因而女性在经济发展中的作用和地位也发生了改变。工业革命时期的家庭保留了一些工业革命之前的时代特征，尤其是家庭（由两代人组成的家庭）的核心结构——虽然很多家庭中有付房租的房客以及领薪资的仆人，但家庭主要还是一个根据血缘关系来区分亲疏、按照年龄和性别划分等级的社会组织。在工业化时期，家庭中的劳动仍然分为“实物付酬”和“薪资酬劳”两种类型，在这一时期，所谓的生产性劳动才不再在家庭中进行，而是转移至作坊和工厂之中。两性间的差异剧增，成年男性“养家糊口”的薪资成为城市化、资本主义社会中的家庭越发重要的经济来源。工业化时期的家庭逐渐变成了这样的场所——家务和照顾家人的工作完全由女性承担，女性在家庭中承担妻子、母亲和女儿的职责，当然也有女性成为被其他家庭雇用以获取薪资的女工。正如研究女性和劳工历史的史学家所指出的，女性一直通过一系列的劳动，为家庭（和经济）提供至关重要的支持，包括供应衣食、照顾家人、做家务劳动、从事小商品生产，以及她们在其他家庭里进行的带薪服务工作。

本章关注了史学家对工业革命时期欧美女性在家庭中的诸多活动的研究。本章指出，在工业社会中，女性承担了越来越家庭化的新职责，就跟男性越来越以在家庭之外的有偿劳动谋生一样，这些现象都是社会使用化石燃料的结果——它们都是资本主义工业化引起的新的性别化经济变革的一部分。虽然家庭不再是经济生产的核心单位，但在维多利亚时代和爱德华时代的欧美社会中，家庭仍然“在收入和资源分配方面发挥着重要作用”。在20世纪初的工业国家里，“负责财产分配的机构仍然是家庭，而不是政府”。[4] 史学家已经意识到，在工业社会中，女性的有偿劳动和男性的一样重要。本章关注的是女性的家务劳动，认为虽然家务劳动一直不受重视，一直是无偿的、被忽略的，但家务劳动对工业社会的能源代谢作出了重要贡献，为工业资本主义社会提供了重要的能源基础。

想要探索19、20世纪的女性在能源历史中的经历和作用，最好是从女性的家庭生活入手，但这里也存在一些难懂的概念性问题。将家庭和家庭之外的公众场所性别分离化（separate spheres）*，是19世纪初诞生的一种特别有影响力的意识形态。在这种意识形态中，新定义的性别职责阐明了民众应该怎样生活、怎样建立家庭、怎样工作，又应该在哪里生活、在哪里建立家庭、在哪里工作。但史学家们发现了这种性别分离观念与现实间的不同之处——有明确证据显示，在19、20世纪，有很多女性是有偿工作的，并参与了各种公众、政治和经济活动。女权主义史学家们进一步对社会的两性职责划分方式提出了批评，揭示了这种性别分离的传统观念是如何一直影响历史进程的。正如里奥诺尔·大卫多夫（Leonore Davidoff）和卡瑟琳·霍尔（Catherine Hall）所描述的那样："有生产能力的社会和国家是历史认知的核心。"他们指责学者们承袭了性别分离的观念，将女性归属于家庭，而在社会学理论中，家庭这一概念并不重要，不需要深入讨论分析。[5]就像琳达·尼古尔森（Linda Nicholson）指出的，问题不仅仅在于"历史上的这些领

* 指19世纪和20世纪早期社会中赋予男性和女性不同角色和职责的观念。这种观念认为，男性应该在公共领域的政治、经济和有偿劳动中扮演主导角色，女性则应该留在私人领域，专注于家庭、婚姻和非有偿劳动，如家务和照顾子女。——译者注（如无说明，均为译者注）

域间的分歧并没有我们认为的那么死板”，还在于“死板的分离方式掩盖了女性在实际生活中的作用”。[6] 换言之，社会的工业化进程的确赋予了男性和女性全新的职责和角色，但是性别分离的观念并不能让我们认识到工业社会中的性别不平等，以及女性在社会生活中的真实情况。[7]

关注女性对于能源变革的作用有助于我们了解上述的问题和情况。将家庭视作独立的社会结构的观念会让人们难以理解女性与工业化时代的经济和能源之间的独特关系。虽然女权主义者们指出，女性无偿的家务劳动一直都是“必要且耗时的，需要付出技巧和体能，对市场经济的运行至关重要”，[8] 虽然一代史学家们确实认为“女性和男性成功地让家庭生活成为需要认真对待的话题”，但极少有主流的史学研究探索过家庭的作用，[9] 如果有出现过，那家庭也是被视为个人化的社会结构，没有经济和政治方面的作用，因而就显得并不重要、容易被忽略。因此，经过了一百多年的社会学和史学研究，我们仍然认为，“我们认知最不足的，就是对家务和照顾家人等劳动的本质的认识，以及对这种劳动随着时间推移发生的改变的认识”。[10]

如果仅把女性与能源的关系局限于家庭环境之中，如果把家务排除在劳动和经济的范畴之外，那么女性在能源史中的缺席就一点也不奇怪了。许多女权主义史学家们认为,“认识和了解女性的生活需要我们开启新的探索征程”。[11] 女性不是不可见的能源活动者，但她们在工业社会中越来越性别化的职责让她们难以被发现。本章既介绍了没有将性别和家庭当作重要的分析类别时的能源史，又探讨了将性别和家庭作为分析类别时会有什么新的发现。

工业化之前的能源使用

为了更好地理解女性、性别和能源的历史，我们这里介绍一些基本的定义、描述和史学探讨。能源（energy）这个词可以被定义为做功的能力，功率（power）则被定义为做功的速率。热（heat）可以被视为特殊的能量，通过温度变化引起的化学反应而做功。[12] 在历史发展的早期，人类是唯一一个能够通过控制火来进行多种能源活动的物种，如照明、取暖、烹饪食物和冶炼材料。[13] 人类消耗的能源是通过光合作用产生的。早期人类以动物为食，而动物又以植物为食，人类依靠动物和植物生存。动物为早期人类的活动提供能量，并作为静态和动态动力源补充了人类的肌肉力量。缰绳、轭和“马力”促进了人类社会从体力劳动时代走向机械操作时代，这些工具可以辅助人们进行切割、碾磨、扭曲、模压等劳动。[14] 人们还将各种动物和植物变成衣物和居所用品，让它们更好地发挥存储能量的作用。太阳创造了提供风和水的复杂水文系统，这一系统也是地球生命的重要基础。千年以来，人类利用风能和水能发展了相应的技术，创造了相关的机械，如水车、涡轮机、风车，将自然能量转化成机械能量，以弥补人力的不足。总之，在开始使用化石燃料来满足能源需求之前，人们用以维持生存和生计的物质都是直接从土地及水域中获得的，都是直接或间接依靠太阳而生成的。

太阳为生命提供了能量基础，直到近代，人们获得太阳衍生的各种能量的方式主要还是依靠体力。根据热力学第一定律，能量不会真正丧失或消耗掉，只会从一种形态转变成另一种形态。在人类史的大部分时期，体能都是人类依靠的一种主要能量转换器。风、水和木头当然能提供能量，但它们只有通过男人、女人和孩子利用体能进行的发明创造才能起作用。在人体世界中，人类肌肉提供了 70% 以上的机械能量，男性和女性都是通过肌肉来与环境进行能量转换的。[15]

事实上，我们可以毫不夸张地说，在人类历史上，大部分男性和女性都是从自身所处的环境中获得身体和精神能量的，并将它们转换成各种形式的能量以支持生命活动。种下种子以收获可食用的植物产品，圈养并屠宰动物，砍树获取木材用于取暖和烹饪，加工货物并用马车运输到市场，往油灯中加油，食用三餐，哺喂婴孩——这些都是人们借助人力或动物的力量，用技能和专业知识将能量转换成可用方式的途径。近来一项探讨概括了人类和能量的关系：

> 能量流动可以被视为生活、社会和工作的基础，是一种“社会性新陈代谢”——跟“有机机器”形成了鲜明对比。用这种方式来理解的话，任何社会都可以被视作必须保持正常运转的开放式能量流系统。[16]

工业化之前，人们花了大量时间进行能源发掘和使用，人们的大部分活动都是为了获取能源，史学家们很容易就能从人们的日常生活中理解人、能源和环境的关系。工业化之后，由于能源越来越多地从地下进行开采，消费者开始从日渐自动化的设备和仪器中获得能源产品和服务，人、能源与环境之间的关系变得越来越难以感知了。[17]

能源史学：明确能源变革的主要内容

能源史的发展势趋并没有揭示女性在能源史中作出的贡献，但是理解这些趋势，有助于我们理解女性在能源史中近乎隐形的状态。人类社会的历史，理论上可以被视作一种开放性的能量流动系统，一种包含了所有男性、女性和家庭的社会性新陈代谢，但这种视角经常被忽略。[18] 能源无疑是地球上生命的基础，探讨能源的作用时，我们更多探讨了与工业革命相关的能源生产和使用的变革，通常，我们主要探讨的是“男人”怎样开发电力、化石燃料和核能，怎样进行发明创造、利用新能源战胜自然。这种对能源和社会的思考方式由来已久，产生的影响也很深远。[19]

从 18 世纪开始，关于煤炭、煤气和电力科学的早期实验就以全新的理念启发了大众的思想，产生了“新能源的使用方式可能带来人类的进步和繁荣”的乌托邦和反乌托邦式的新思想。[20]1884 年，英国著名史学家阿诺德·汤因比（Arnold Toynbee）认为，蒸汽能源和劳动分工是工业革命时期最主要的特征。1907 年，德国哲学家和科学家威廉·奥斯特瓦尔德（Wilhelm Ostwald）提出了一种能源学理论，称“文明的历史是人类逐渐控制能源的历史”。[21] 到 20 世纪中期，一些社会科学家将能源使用的变革当作历史变革的核心。能源阶段（energy stage）理论提出，人利用能源的能力“超过了开发能源的能力”，这一点是现代工业国家的特性，并让现代工业国家有了经济、社会和文化上的优越性，[22] 而能源产出低、消费高的“落后”农业国家正好相反。正如意大利经济史学家卡洛·奇波拉（Carlo Cipolla）在 1962 年提出的：“人控制和使用能源越成功，他对环境的控制度就越高，不只限于达成生存的目标，还能够实现更多的目标。”[23]

能源阶段理论不仅体现出文明发展过程中的种族等级区分，而且正如美国著名环境史学家卡洛琳·麦钱特（Carolyn Merchant）等人所认为的那样，它还建立在一种深刻的性别化宇宙学和生态学的基础上。根据这两种学科理论，科技和资本结合成了一种新的以男性气概为主导的文化，被定义为机械的、理性的和有竞争性的，与女性自然的、感性的和非经济的世界相对立。[24] 对于如何理解和分析“女性”这一概念，学术界存在持续的争议。尽管有人指责社会环境发展史将女性边缘化了，但女权主义史学家们在女性的母亲角色、女性与“养育家庭”的关联，以及她们与自然和社会环境之间是否有独特关系等问题上持不同的立场。此外，男性和女性在环保主义理念上的差异究竟是生而有之还是历史发展的偶然结果，史学家们也仍然争论不休。[25]

在20世纪70年代的石油危机期间和之后不久，人们对能源产生了一定的兴趣。[26]一些史学家、经济学家对能源可以促进社会进步和发展的观念提出了质疑。但这些质疑很快就消失了，尤其是在20世纪80年代的北美学术资料中。20世纪后期，人们既不再探讨能源在社会中的特性和作用，也不再探讨能源阶段理论和工业革命。而环境历史相关领域的史学家们是重要的例外，他们在21世纪进一步推动了能源相关研究，详细列出了化石能源的使用对人体和环境的危害，并提出在思考化石能源带来的经济增长的同时，也必须考虑其危害。[27]他们认为，环境危害、社会混乱和随着现代能源变革而逐渐恶化的不平等状况一样，并不是化石能源经济导致的“外部后果”，而是一种随着化石能源经济的发展必然出现但尚未得到人们普遍认识的本质问题。环境史学家们令人信服地将能源使用置于更广泛的社会和环境背景之中，评估了能源使用对整个社会的影响，但是在关于环境和能源的研究中，几乎没有探讨女性的作用以及能源对女性产生影响的研究。[28]

虽然有一些关于电力等能源的社会史学研究，但历史学家们仍将大部分此类研究留给了经济学家，一直到21世纪初才有所改变。[29]即便是科技史学家们，也对将各种形式的燃料或能源的特性与他们关注的社会、文化和技术变革联系起来的兴趣不大。[30] 大部分史学家不再关注物质文化，转而关注起了工业化对现代社会产生的文化和意识形态方面的影响。[31] 尽管人们普遍认为工业社会可以通过一些依赖能源的显著特征得以辨认，但这些特征很少得到明确的评论，人们更没有通过这些特征追溯能源供应的变革。[32] 相反地，这些特征为关于人类特性、文化观念的讨论提供了自然化的物质背景。

气候变化提高了人们对于化石燃料对全球气候灾难性影响的认识，而史学家们也重新重视起了工业革命。经济史学家们继续探索能源在工业社会中的作用，他们的研究探索为新一代的研究者们奠定了基础。[33] 这些探索中最有影响力的是英国剑桥大学教授 E. A. 里格利（E. A.Wrigley）的研究。[34] 从 1962 年到 2016 年，他发表了一系列书籍和文章，重新审视了“能源是工业革命带来巨大变革的决定性因素”这种观念，他认为这种观念的出现与化石能源的某些实际特性有关。他的研究工作“将人口变化、农业生产力变化、城市发展、职业结构变化、交通设施变革和技术变革融入英国工业革命的宏大背景之中”。[35]

史学家们很关注这一点。里格利称，“有机社会”（依靠木材、水、风以及人与动物的体能）必须依赖太阳的能量流，而人类只能获得这种能量流的一小部分，因为它们受到季节性生长周期的限制，以及可居住土地上已有的高能量需求的限制（即对食物、用具、燃料等资源的竞争），还面临着运输马、牛和木材等大型资源的困难。例如，如果人们想要通过使用挽马来提高生产力，那么就必须为挽马的饲料作物的生长提供更多土地，而用于人类食物的资源投入就会减少，这是一种零和博弈，因此可持续的经济增长局面便不可能出现。因而，有机经济体通常是指以当地能源产出为主要消费品的小型能源消费体。里格利认为，在有机经济阶段和工业革命阶段之间还有“先进的有机经济阶段”，这一阶段促进了劳动分工和经济的广泛商业化，虽然仅仅适度提高了人均收入水平，但化石燃料的使用一旦从取暖、住宅家居、食品加工和金属加工拓展到交通领域和制造业，就能为经济“起飞”奠定基础。

里格利提出，煤炭以及后来的石油和天然气等“矿物”经济，通过提供地下密集且有效的能源，消除了有机能源的限制，因而不会与其他陆上能源（如薪柴和食物）产生冲突。而且最重要的是，矿物是人们可以按需获取的巨大能源储备，而不是人类此前依赖的具有周期性的（或有流动性的）其他能源。一旦以煤炭为基础的钢铁加工和蒸汽技术实现了规模化作业，那么这些地下储存的能源就可以实现商品化，以便宜的价格售出和购买，并运送到任何有能源需求的地方供人们使用。此前周期性的有机经济限制便不存在了，化石燃料可以为任何地方提供前所未有的丰富能源，从而实现人类史上首次持续的经济增长。[36]

正如一位史学家所称，里格利关于工业化的观点得到了广泛接受，以至于它“现在可以被认为是一种典范”。[37]能源史学家们接受了他明确阐述的能源作为一种影响经济巨变的独立因素的作用。而且，他还巧妙地将如今的气候危机与促使其产生的原因联系到一起——这种危机是工业革命所导致的，是出人意料的、越来越严重的一种后果，危机出现的原因就是化石燃料的燃烧。

里格利观点的另一大优势在于他将家庭纳入城市工业化转型的探讨中。在里格利关于早期工业化的著作中，他越发明确地专注于能源，将家庭视为西北欧社会从农业经济体转变为工业资本主义经济体过程中的重要结构，也就是从有机体制到无机体制转变的重要组成部分。[38]

工业化过程中女性和家庭作用的发现和缺失

我们无法详细探讨从1760年至1900年，即工业革命期间和之后，女性、工作和家庭不断变化的关系的全部史学资料，不过可以明晰的是，人们对这些关系的认知一直都存在着强烈分歧。有些人认为，妇女的劳动——包括她们在新型磨坊和工厂里获得的薪酬相对较高的工作，在其他领域获得的微薄薪酬，以及在家庭中的无偿劳动——标志着女性与经济关系的重要转变，这种关系的转变重塑了工业社会的社会、经济和政治面貌。[39] 对许多家庭而言，工业化并没有改变家庭的基础性地位，也没有将家庭变成机械化的工厂。一直以来，在家庭里生产商品“是为了使总产值最大化，而不是使家庭的净利润最大化”。[40]18世纪和19世纪时，古老的社会经济关系模式仍然没有改变，但在不断变化的、多样的、越来越稳定的新兴资本主义背景下，这种模式逐渐瓦解。正如史学家琼·斯科特（Joan Scott）和露易丝·蒂里（Louise Tilly）所总结的那样，工业化是“一种相当多样的过程”，其“诠释了家庭在这个过程中的复杂作用”。[41] 她们的研究还强调了性别在农业经济体向现代工业经济体的长期转型中所起的整体作用。虽然资本主义与固有的欧美家庭经济模式随着时间和地区的不同有各种各样的融合方式，但从长期来看，有一些共性特征：最终，大部分生产活动都从家庭转移至市场，男性养家糊口的有薪工作成为家庭主要的经济支持。在从农业经济体到现代工业经济体的长期变革中，性别发挥了重要作用，男性和女性全新的性别职责是这种变革产生的一种重要结果。[42]

不过，如果女性和家庭一直都被定义为工业化进程中的重要组成部分，如果如里格利等人所称的那样，二者是“工业化进程中不为人知的历史”，那为什么他们的能源史研究中几乎没有介绍女性和家庭作用的内容呢？[43]女性在能源史中的隐形非常令人困惑的一点就在于，人口、社会和劳动史学家们（包括里格利在内）一致认为女性在变革中的确发挥了重要作用。另外人们也普遍认为，家庭刺激了社会对煤炭供热和煤油（石蜡）照明的最初需求的产生。[44]然而在能源史中，性别一直都没有什么理论上的重要性。

这一问题的部分原因在于在里格利等人以经济研究为焦点的能源转型研究中，包括劳动在内的更广泛话题的模糊性存在。正如一位评论家所说的：“对生产、商品交易和正规经济的关注，不仅使科技和制度优势变成了经济增长的主要原因，而且在这个过程中，它系统性地弱化了环境和社会成本，以及现代能源体制中的全球性不平等问题。”[45]

> 尽管在工业化进程中，全球性的空气污染问题，煤田和工厂的工作和生活条件，以及矿产资源开采带来的健康和环境退化等问题都很重要，但它们都没有引起研究者（里格利）的关注，他记录的英国工业革命历史完全忽略了这些方面。[46]

虽然这里引用的斯特凡尼娅·巴尔卡（Stefania Barca）的观点并没有明确探讨女性在工业化进程中的作用，不过巴尔卡推崇的社会 - 生态学研究方法，可以将女性和她们所属的群体关系以及化石燃料开发和使用造成的环境危害联系在一起。[47]

安德烈亚斯·马尔姆（Andreas Malm）采用了与巴尔卡不一样的批评角度，他驳斥了里格利“化石燃料使用的增加是不可避免的”这一观点。在《化石资本》（*Fossil Capital*）中，他提出煤炭被用于制造业，不仅仅是因为煤炭比水力更丰富、更容易管理，还因为对新兴资本主义而言，煤炭有一些非常特殊的优势。他声称，从水能到蒸汽能源的变革发生于 19 世纪 20 年代，蒸汽能源让企业家们对生产过程有了更多控制。当时，企业家们正致力于控制男工、女工和童工，管理控制新型机器必须要靠他们。正如马尔姆强调的："气候变化的根源不在于降水量、海龟和北极熊，而在于人类活动，可以用'劳动'一词概括。"[48] 他提供了大量工业化早期女性参与工厂劳动的证据，他认为她们之所以参与，是因为这种工作提供的薪资不高，男性不愿意做。马尔姆一直认为领薪劳动者的角色是没有达到女性期望的，但他理所当然地认为由于一些无须解释的不当偏见和习惯，女性无法与男性一样平等地算作劳动力。[49] 他没有指出，更没有批判性地看待工业社会中差距日渐增大的性别角色。在工业社会中，男性承担起了支持家庭的全职带薪工人角色，女性则越来越多地被视为顾家的家庭主妇。至于这些职责为什么发生改变、又是如何改变的，在上述将化石资本带来的劳动关系变化视作男性专属领域的作品中，仍然没有得到探讨。这就完全逃避了如下的两个问题：女性在工业社会中发挥作用了吗？这种作用与能源变革有关系吗？第一个问题的答案是女性发挥了非常大的作用，第二个问题的答案也是肯定的。

重新考察工业社会中的性别角色

正如大量关于女性和工业革命历史的文字资料所证实的，妇女和儿童在自己家里、别人家里，在车间、血汗工厂（工资低、条件差的工厂）、洗衣店和零售店里积极参与着各种新形式的工作。但随着时间流逝，劳动力的性别两极化越发明显了。

首先，带薪工业工作的状况，尤其是在工厂的工作，给做了母亲的女性带来了新的、独有的负担。[50] 许多工人——男人，以及早期工厂里雇用的女人和孩子——都接受了这种劳动带来的相对较高的薪资，但最初实现机械化的工厂和磨坊里的噪声、高温、难闻的气味、新的规章纪律，以及令人不快的工作节奏经常激起他们强烈的反感。[51] 从 19 世纪早期开始，工厂劳工联合起来反抗雇主，不仅要求加薪，还要求改善工作环境。19 世纪 30 年代时，男性劳工的反抗取得了一定程度的成功。

工作环境也给成为母亲的女性带来了前所未有的新挑战，在此之前，她们能够将育儿与广泛的经济活动安全地结合起来。使用快速运转的自动化蒸汽设备进行工作，对所有人来说都不安全，而且极不利于女性日常照顾婴孩，慢慢地，“带薪工作与女性家庭活动之间的冲突越来越严重了”。[52] 虽然大部分女性没有在工厂里工作，但随着时间流逝，工厂工作逐渐成为已婚女性有偿工作问题的象征。如黛博拉·瓦伦兹（Deborah Valenz）在《工业化时代的第一位女性》（*The First Industrial Woman*）

中所说的那样："维多利亚时代的人都以这位工厂女工为耻，总是竭力去挑她的不是。"[53] 在19世纪的工业城市里，孩童死亡率极高，因而人们大都批评工厂女工们将小孩带到工作场所，指控她们罔顾家庭职责，不仅损害了家庭的健康和安全，甚至损害了"人类"的未来。19世纪的改革者们将孩童的高死亡率和家庭被忽视的情况，作为越来越多的女性不能获得有偿工作的借口，他们不了解女性之所以愿意从事困难和危险的工作，是因为贫穷，而导致孩童高死亡率的罪魁祸首，也是贫穷。他们对贫穷知之甚少。[54]

然而，导致女性无法以与男性相同的条件进行工作的原因，并不是道德上的要求或生理上的条件限制，而是政治因素。早期的工作场所，如煤矿，即使男性也难以适应，因此人们以暴力、罢工和损毁机器等方式要求对工作环境进行调整和改善。在进行多轮交涉之后，男性劳工和雇主才就劳动量、危险程度和风险等问题达成了一致意见，[55] 这些成果一直沿用至今。问题在于，为什么男性在努力就工厂工作问题进行紧张协商的时候，已婚女性在照顾家人和做家务方面的文化特定责任却没有得到重视？

答案的一个重要部分，可以由有偿劳动的一个显著特征决定：性别决定薪酬。在前工业化时期，当薪资和商品销售只占以自给自足为基础的家庭经济的一小部分时，按照传统，女性有偿劳动获得的报酬约为男性的一半。[56] 在前工业化和原始工业化时期（工业化进程的早期），女性的无薪劳动就跟男性的无薪劳动一样，对支持家庭而言都很重要，人们也一直秉持着这种观念。这种传统价值观促使女性和孩童的有偿劳动受到了新兴企业家们的迫切追求，尤其是在最初的水力棉纺厂里，毕竟企业家们很难以满意的薪资标准吸引成年的男性劳工。很快，男性就开始对“廉价女性劳动力对男性工匠和纺织工人的技能、地位和薪酬构成的威胁”这一话题表示了严正关切，[57] 他们反对女性从事有偿劳动，并切实反对妇女作为生产者充分参与资本主义经济活动。女性虽然继续在工厂、磨坊和工坊里工作，继续从事各种劳动以获得薪酬，但她们的报酬越发微薄，工作状况不断恶化，这些工作被视为临时性的、“没有前途的”工作。直到现在，这些工作仍然是由各年龄段的女性、未成年男性、社会边缘群体，以及因种种缘由被社会抛弃的人承担。史学家们认为，正是为了实现——维持资本主义工业社会中更显著的性别化等级制度——这一目标，第一部劳动保护性法案才得以通过，以限制或禁止妇女和儿童从事有偿工作。[58] 简言之，维多利亚时代劳动力革命的成功之处在于，在新兴工业资本主义社会中，女性“二等公民”的地位得到了巩固。[59] 性别成为定义并维持工业资本主义全球化传播的社会结构性不平等因素之一。

以下现象，如低薪酬，已婚女工在有偿工作中面临的特有的问题和挑战，以及男性工人对她们越来越反感的状况，不仅是在工作性质不断变化的背景下出现的，也是在更广泛的关于男性与女性合理角色观念的变化背景下出现的。社会上的性别差异更加剧烈了，促成了化石资本在北美和北欧创造出新的社会、政治和经济关系。换言之，性别在化石燃料转型历程中发挥了重要作用，它以全新的、显著的方式定义了人类的角色。

女性、能源和家务劳动

史学家们是如何解释女性与化石燃料变革的独特关系的？正如上文所述，最重要的研究源自女性、性别和劳动历史研究领域，它们与能源史研究同时存在，但很少有直接涉及能源史的内容。20 世纪六七十年代，当女权主义史学家们开始将女性视作正当的史学研究主角时，有偿劳动和政治参与是最先得到研究的女性经历，这种重视既是因为关于“真实历史”的构成观念的普及，也是因为女权主义史学家们越来越坚信，女性在各自国家的政治发展和经济增长中发挥了重要作用。[60]到了20世纪80年代，女性在家庭中的无偿劳动——家务——这个主题，得到了史学家们越来越多的重视。鲁斯·施瓦茨·柯万的《为母亲提供更多工作》(*More Work for Mother*)，苏珊·斯特拉瑟的《未完成》(*Never Done*)以及卡洛琳·戴维森（Caroline Davidson）的《女人的工作永远做不完》(*A Woman's Work Is Never Done*)，就记录了在最先开始工业化的国家里，女性通过在家庭中的无偿劳动为支持家庭所做的大量且重要的工作。[61]

虽然学者们很少结合“能源史”来定义女性的职责和劳动，但其他关于女性作为家庭主妇的职责和劳动的研究提供了丰富的证据，足以证明女性的“能源劳动”。无论是女佣、主妇还是孩子，都对能源从环境中的开发，以及被改造成可用形态的过程很重要。家庭中用于供暖、照明和烹饪食物的能源，最初是直接从当地环境中获得的。不过，即使金钱（男性比女性更容易获得）补充并取代了自给自足的生存活动，但将原材料转变成可消费能源的，仍然是女性的劳动——最明显且最费力的是食物能源。有研究显示，直到20世纪时，家庭主妇及她们的帮手（通常也是女性）都依然在能源劳动中发挥着重要作用。她们为家庭提供能源，并在这个过程中为经济和社会发展提供直接或间接的能源支持，这些支持很重要，但大部分都未得到认可。[62]

如果女性的大部分劳动与能源生产、消费及消费之后的废物处理有关，那么史学家们已经证明了，女性在家庭中的劳动对化石能源变革有多么重要。随着家庭逐渐采用商品燃料和商品食品，这些商品化的物质刺激了大众需求，从而引起某些行业的工业化发展。英国工程师纽科门最先发明了煤炭供能的蒸汽机，在将矿藏的煤炭开采出来满足不断发展的煤炭市场时，最先满足的便是越来越多的家庭取暖和烹饪需求。[63]同样地，对人工煤气和煤油 / 石蜡的需求，很大一部分是因为人们希望得到更优质的家庭照明。[64]一个家庭的需求量虽小，但聚集起来却是巨大的。这些能源商品产量的增加，刺激了能源工业化和交通运输行业的发展，更进一步刺激了市场需求，降低了能源开发成本、改变了社会，使化石能源经济得到了持续性增长。

到 19 世纪后期，女性被广泛认为是家庭中的重要决策者，能够决定家庭使用哪种能源。由于能源成为通过国内和国际渠道流通的商品，她们在家庭中作出的关于能源的决策，成了关乎企业乃至国家利益的问题。女性作为能源掌控者，不仅吸引了燃气、石油和电力公司的注意，还引起了许多教育工作者、改革家和新兴职业群体的注意，可以说，家用能源的变革从政治、经济和金融方面为现代工业社会中的男性和女性提供了各种新机会。[65] 虽然出现了越来越多的消费品和服务广告，而且在 20 世纪时燃气、电力、煤油和节省劳力的电器的供应量发生了很大变化，甚至女性也有了有偿工作，但女性依然依靠体能、技能和知识满足着家庭能源需求，进而满足着整个社会的能源需求。[66]

过去的数十年里，史学家们的工作已经证实，性别一直都是工业化进程带来的变革中的重要因素，女性也一直都是能源史中的积极参与者。能源史的“透镜”为我们提供了一种分析框架，让我们以全新的视角去看待女性参与的与家庭相关的劳动。能源史学家们可以从探索能源在日常生活中作用的“能源文化”研究中得出见解和观念，将家庭置于 19 世纪和 20 世纪初能源变革历程中的核心地位。[67] 关注家庭中的能源，不仅凸显出了能源将人与环境紧密联系在一起的作用，还促使人们重新思考——或者更准确地说是重新评估——工业化国家里女性劳动的重要性。[68]

但除了一些重要的例外，当然也包括本书各章介绍的内容，上述话题尚未引起能源史学家的主观注意。[69] 而未引起注意的原因，既有代际性原因，也有概念性原因。“女性”（women）这个词一直是现代史学争论中极富争议性的词汇，而“家庭主妇”（housewife）的概念可以说正在从大众用语中消失。过去的 30 多年里，许多切实的探讨揭示了“女性”在时间和地理上的多样性，以及在种族、性取向、阶层等方面的不同。然而，对这些因素的特别关注会让人们难以认识到，按性别区分不同人的经历体验会产生多大的影响，难以认识到在 19 世纪和 20 世纪初，“男性”和“女性”的分类对民众的性别身份和行为的强制约束性有多么强。这些因素也很难让人们站在 21 世纪去想象，在 19 世纪和 20 世纪早期，大部分女性的生活是怎么被广泛地“局限于家庭之中，局限于生养孩子、维系情感和家庭关系的劳动之中”，并且为什么会出现这样的情况。[70]

在大部分历史记录中，“家庭”的缺席可能要追溯到性别分离观念，这种观念对关于家庭的探讨产生了不利影响。这种观念虽然不受欢迎，但仍继续渗透到女性家庭生活的体验中，且仍有可能继续淡化并掩盖女性生活体验的重要性。[71] 20 世纪七八十年代的女权主义者关注了女性在家庭中的“传统”工作。他们发现，男性和女性在家庭中的地位是不平等的，男性因为赚得了薪酬而在家庭中享有财富、地位和权势方面的优越性，而大部分女性都没有独立的经济权、地位和声望。难怪第二波女权主义者将（性别）不平等归咎于家庭与社会其他领域之间的社会和经济层面的分离，尤其是有偿工作方面的差异。[72]

史学家们发现，从19世纪中期开始，对女性地位低下的广泛评论引起了北美和欧洲工业化地区民众的关注。到19世纪60年代时，女权主义者们发现，现代工业社会中的家庭，不仅不是由养育子女的母亲和坚强且善良的父亲支撑的安全港湾，而是各种危机和疾病的爆发地，是充满了“苦役”和“压迫”的地方。[73]不过，19世纪后半叶和20世纪的改革家们进一步声称，女性次等的社会、法律和经济地位可以通过各种策略来改善，包括让她们获得选举权和大学学历，还有呼吁男女共同做家务和照顾孩子以建设美丽健康的家，将家庭变成现代化的、卫生的、科学的空间，将家庭变成职场中的男性非常重视的地方。不过到20世纪80年代，女权主义史学家们认为，工业社会中的性别不平等现象主要还是因为女性在家庭中的地位降低了，想要解决这个问题，女性应该有获得有偿工作的平等机会，换言之就是实现完全的无产阶级化。

性别分离的历史分析与第二波女权主义浪潮所指出的问题完全吻合。20世纪70年代时，解决女性持续性存在的次等地位问题的方法，越来越集中于家庭本身。有人认为，为保证女性摆脱令人麻木的家务劳动，不再受丈夫控制，唯一的办法就是实现更广泛的平等，为了达到这一目的，女性必须放弃以家庭为主的“恋家”的生活，像男人一样进入职场。[74] 20 世纪 80 年代时，人们一致认为，家庭以及女性在其中的无偿劳动，为女性地位低下奠定了唯一的基础。事实证明，这一观念经久不衰，在史学家和北美女性接受这一观念的 40 年里，它基本上没有遭到过质疑。

然而，虽然接受了这种观念，但施瓦茨·柯万、斯特拉瑟和戴维森等史学家却没有充分认识到女性在提供能源——食物、光照和热能——以及支持家庭的其他劳动中所起的直接且重要的作用。在 20 世纪的欧洲和北美地区，虽然家庭利用集中化和自动化电网的方式存在着巨大差异，但一旦获得了集中的、自动的电力能源——正如以能源为救世主的胜利主义故事不断描绘的那样——就能够改变女性的劳动和生活方式。事实上，它确实改变了人们的劳动和生活方式，但并非总是以人们所期待的方式改变的。在解放女性的故事中，不会介绍女性在家庭中从事的与能源相关的活动的重要性。几千年来，家务劳动和照顾他人一直是女性（以及一些男性）的劳动内容，而且她们的大部分时间确实都在忙于这种工作，也确实给家庭提供了支持。很少有女性会忽略为家人提供食物、照明并照顾家人，以及照顾她们的雇主家庭。失去她们，就会对家庭的安全、健康和幸福产生严重的、直接的、持续的不良影响。

20世纪60年代时，大多数欧洲和北美地区的女性，包括城市女性和乡村女性，第一次可以依靠新型能源来完成以前只能靠人工完成的任务。她们越来越多地依靠冰箱保存食物，用电烤炉烹饪食物、为家庭供热、获取热水。[75] 正如施瓦茨·柯万所说，越来越多的女性现在有时间来让她们的家庭更加整洁、让食物更美味。在女性被定义为次等工作者、被认为就应该在家中从事家务劳动之后，到通过远程化和自动化设备利用能源之前，大多数女性通过多种能源活动跟家庭联系在一起：为外出活动定时，以确保烤炉不会在她们外出期间起火或断电；在夜幕降临之前，确保油灯有充足的燃料；在获取、保存、处理、烹饪食物的过程中，进行永无休止的时间估算。但即使到了现在，能源史中也基本见不到关于这种能源劳动的正式记载，这令人费解。

将女性的家庭生活简化为一种需要摆脱的“分离领域”有利于实现与男性的平等，这种说法只是说起来好听，它忽视了女性在家庭中所作的贡献。这种观点的问题在于女性为什么会接受这个“分离领域”。史学家们认为，仅用这个概念界定问题，会强化女性是受迫害的被动角色的简单假设。这一说法还暗示了只要女性更多地参与有薪劳动，就意味着她们摆脱了家务劳动，并实现了与男性的新平等。这种观念掩盖了很多问题，比如女性劳动的经济作用，不断变化的社会环境以及女性对能源使用的影响，人们赋予能源的意义和价值，女性对能源使用的期望和直观体验，以及她们的劳动与环境和他人之间的关系。从史学角度而言，女性受害于家庭、应该逃离家庭的观念很快转变成对女性解放的研究：一旦女性从家庭压迫中得到了“解放”，她们会做什么？换言之，这解释了为什么自20世纪80年代以来，人们对西方女性家庭劳动的关注兴趣迅速下降，以及这个主题为什么对大多数历史学家吸引力有限。

幸运的是，长期以来，关于女性被边缘化以及能源变革时期性别不平等加剧的问题，一直存在着一种与上文不同的观点，它对家庭、能源和环境的探讨至关重要。自相关争论开始以来，一些女权主义学者认为，女性的次等地位不是由她们在家庭这个“分离领域”中的劳动本身决定的，而是由对女性传统劳动的评价决定的。更具体地说，女权主义学者认为，经济分析中的市场关系特权是基于一系列具有历史特定性和政治衍生性（而不是物质上的或本质上的）定义和评价而产生的，这些定义和评价关注的是什么活动在社会中被认为是重要的——也就是所谓的“真正重要的东西”。随着工业资本主义的兴起，女性的劳动，无论是有偿的还是无偿的，基本上都不被视为真正重要的。英国农业史学家简·惠特尔（Jane Whittle）最近总结了史学家们争论了数十年的内容："没有理由将无偿的家务劳动和看顾家庭的劳动排除在我们对工作或经济的定义之外，上述劳动对经济而言是必要的，而且跟诸多其他类型的劳动相比并没有根本上的差别。"从亚当·斯密的著作开始，现代经济理论就将"无偿的家务和看顾家庭的劳动"视为"非工作"，并且基本没有遭到女性和经济史学家的质疑。[76]

"分离领域"从来不只是对男女职责进行分类，而是限定了人们的劳动范畴，其主要作用是掩盖、限制女性的生活，将女性生活边缘化。通过能源史的"透镜"来理解女性的行为，可以将女性的劳动牢牢置于人与人之间、人与环境之间以及人与经济之间关系的核心地位。

结论：能源的隐蔽之处

工业和后工业资本主义未能通过无产阶级化和提供有薪工作而实现解放妇女的目标。人们普遍认识到这种失败是破坏 21 世纪资本主义对合法性、社会正义及平等的主张，乃至社会和生态可持续发展主张的因素之一。虽然第二波女权主义活动透露了一丝希望的微光，但世界各地的女性仍然从事着她们一直在从事的家务劳动和照顾家庭的工作，有的是有偿的，有的是无偿的。在国家内部之间和国家之间，其他方面的不平等也在增长，不同种族和阶层间、不同地域间的界限也越加固化了。

政治哲学家南希·弗雷泽（Nancy Fraser）回顾了近几十年来世界各地不断加剧的各种经济、环境、政治和社会危机，她指出："我们正在经历一场严重的资本主义危机，没有什么重要理论能够充分阐释它。"[77] 她将这一问题归咎于资本主义最显著的特征——市场交易的好处、劳动分工、人们通过工作获取工资的"自由"，以及经济增长在创造财富与幸福方面的作用——最终都依赖于未被明确表达的"非经济"背景条件。[78] 这些背景条件包括马克思提出的著名理论，即交易的背后隐藏着生产，生产过程中工人会为雇主提供剩余价值。弗雷泽还总结了其他学者们揭示的"隐蔽之处"：在全球范围内为资金打通流通渠道的暴力和剥削，以及给人类获取免费材料、进行能源处理和大规模废物收集提供支持的自然界（环境）。这些就是所谓的"外部效应"，即种族化和基于阶层的不平等和暴力对人类和非人类自然界的影响。

弗雷泽还确定了工业资本主义的另一处"隐蔽之处"：女性与工业社会之间的"性别化关系"（gendered relationship）。弗雷泽认为，性别化分工是女性在工业世界中一直处于次等地位的重要原因，也是目前困扰人们的“照料危机”的核心。弗雷泽并不认为女性在家庭中的“传统”劳动是她们受压迫的根源，可以通过她们的无产阶级化得以解决。[79]相反地，她提出，女性在创造和支持资本主义工业社会发展所依赖的劳动力方面发挥着重要的作用，她们在家庭环境中为了所有人的健康和幸福而提供了护理、养育和其他支持。但问题在于，生活的这些方面被性别化为“女性的”，并且受限于家庭的性别化空间之中，被视为非政治的、非经济的和完全个人的内容，因而完全不在现代资本主义经济的范畴之内。她认为，要解决这一问题，就要将这些“女性化”的问题视为社会问题，并由男性和女性一起解决。

性别也是能源史的“隐蔽之处”。这种观念提供了一种看待和理解女性在诸多活动中对能源变革所作贡献的性质和价值的方式，即使这种贡献隐藏在家庭之中。了解性别如何塑造上一次能源变革，可以让我们以全新的视角去认识过去女性的生活，并理解新的性别政治如何在未来的能源变革中发挥重要作用。

R.W.桑德威尔

（R. W. Sandwell）

第二章

在照明史中寻找女性：英国家庭中的蜡烛

因为无论早晚，

我们都会用烛光点缀夏日。

——玛丽·科利尔

冬季天黑前尽可能完成家务，这样，你晚上就不用带着蜡烛到处跑，就可以避开油渍和危险的火灾。

——《万事通》

我们都知道人类为应对天黑无光而采取的照明方式

的进化过程：从依靠月光和火光，到使用灯芯草、动物油脂、蜡、火灯，然后是煤气灯，最后是弧光灯和白炽电灯。这一段进化过程中，有一些因为公众活动而产生的照明方式是我们熟知的：用于庆祝、展览和娱乐——加冕典礼、商店橱窗或游乐园——还有为了市政管理、安全、导航，以及与资本和生产活动有关的照明。人造光的实际发展史，正如每一种新技术被载入历史之前那些拥护者们所说的那样，通常都是由公众生活和文明决定的。[1] 照明史的发展是由文明的发展决定的，因而它也体现了西方社会进步的本质。照明的历史可以被视为一种错综复杂的、相互关联的历史。我们需要考虑制造和使用光能时人与环境的相互联系和能量流动，包括鲸和捕鲸者，矿工，羊和牛，牧羊人和牧场主，早起晚休负责挤奶、放牧、挽马的男男女女，还有更换白炽灯罩和电灯泡的女工。女工们是担任厨师、家庭女仆、托儿所护工的女性，以及日日夜夜无偿照顾孩子、病患、残疾人和老人的女性。能源消费的历史不应被视为线性的，而是植根于复杂多变的日常生活之中。探索照明史中的女性时，我们发现这个历史不是一个直线进步发展的历程，而是一个牵扯了错综复杂的社会关系和能源使用决策的历程，植根于 19 世纪的民众生活细节之中。

单从社会历史的角度看，我们可以发现在能源的生产、运输和使用过程中，人们的社会身份是主动创造的，而不是被动强加的。蜡烛、石油、燃气的使用涉及可燃燃料产品的生产，比如可摩擦火柴。19 世纪中期时，这种火柴仍然是相对较新颖的、足够吸引人的，[2] 而使这种火柴闻名于世的“火柴女工”们，于 1888 年在“布莱恩特和梅”火柴公司掀起了罢工运动。我们还要了解与照明相关的设备问题。以蜡烛及其盛放器具为例，我们有各种各样的灯座、灯笼和烛台，从口袋大小的旅行用烛台，到后来人们入睡时使用的烛台，或者装饰性的壁炉架，以及极富装饰性的多层枝形吊灯等，这些器具由木材、玻璃、陶瓷、纸、铜、铁、锡等材质做成，[3] 都属于能源及其使用文化的物质表现形式。在燃料方面，我们也有了创新，如创造了新型灯芯、不同类型的蜡、脂肪、油和添加剂等（提高了有购买能力者的购买频率）。蜂蜡现在仍然在使用，但此前，蜡和油主要来自鲸鱼和陆地动物，尤其是绵羊和牛，还有植物，如亚麻籽、油菜籽、椰子、棕榈仁、花生、棉籽、大豆和橄榄。[4] 19 世纪时，蜡烛的材料包括蜂蜡、牛脂、石蜡、硬脂酸和抹香鲸油、棕榈油或椰子油，所有材料都必须经过研磨和加工。有一些燃料燃烧效率最好，如动物油脂，它最便宜，虽然最不卫生。灯芯草蜡烛也很便宜，是将剥了皮的灯芯草蘸上油脂制作而成的。正如威廉·奥迪亚（William O' Dea）在他的经典作品《照明的社会史》（*Social History of Lighting*）中所称的那样，任何含油脂的东西都可以用来照明，甚至鸟类也可以提供燃料。[5]然而，最贵重的蜡烛最受人欢迎的品质是“明亮”（白光），且不需要人修剪烛芯。这种蜡烛都是由大型生产商制造的，他们采用新设备，致力于使棕榈油和石蜡充分燃烧，从而制作出所谓的专利蜡烛，如“软脂酸”蜡烛，这个领域的竞争相当激烈。[6]

这些所谓的专利蜡烛的生产成本很高，需要使用专业设备来提纯原材料，也很危险。例如 1846 年，英国德比的专利蜡烛制造商梅塞尔 - 帕默公司遭遇了一场火灾，虽然消防车迅速赶来扑救，但据估计造成了 5 万多英镑的损失，毁掉了许多储存的蜡烛成品、原材料和蒸汽机。[7]

考虑到市场需求和商家赚取利润的迫切性，砷被用于一些硬脂酸和鲸油蜡烛的生产中，以改善蜡的颜色、提高光的亮度和纯度，当然这也带来了商业风险。根据《泰晤士报》，这种蜡烛的原材料的比例是 1（白砷）：27（油脂）。让爱读书的人放心的是，蜡烛被吹灭时，可以通过其散发的大蒜味来验证砷的存在。最初开始探讨用砷制作蜡烛时，没有人能确定使用这种材料是否有害（从医学上而言）。有些人称使用这种蜡烛没有问题，有些“体质较弱的人则发现它们对人体有害”。然而，由于它们在市场上大量流通（价格比普通蜡烛贵得多），《泰晤士报》认为“这是对公众的诈骗”。[8]这个问题于1873年重新浮出水面。当时，一些不同类型的绿色蜡烛（包括圣诞蜡烛）接受了测验，以检查它们是否含砷。通过检测，大部分蜡烛都是用铜绿或群青绿染料染色的，但有一些细长的蜡烛的确含砷，这种蜡烛此前一直被用于点燃煤气灯。《柳叶刀》杂志对在蜡烛中掺砷表示了关切。[9]在1889年的一次派对上，一群孩子中毒了，人们认为中毒原因就是有色蜡烛——每8根绿色蜡烛相当于一份“亚砷酸酐”，而红色蜡烛是由朱砂染色的，其中必然含有硫化毒物。[10]

因此，整个时代都染上了用砷的风险（在密闭环境中尤甚，因为许多蜡烛会同时燃烧）。[11]上述报道虽然只是例外情况，却让公众明白了在装饰和庆祝时应该怎样使用蜡烛。事实上，尽管存在着风险和其他成本，尽管存在着技术创新方面的竞争对手（如新型油灯、燃气灯和电灯），蜡烛在整个19世纪仍然是一种重要且有用的照明方式。即便是到了19世纪末，普莱斯公司（梅塞尔-帕默公司的竞争对手）等厂家仍然认为，投资新工厂和新机器进行蜡烛生产是非常值得的。到19世纪末，英国国内市场上仍然有蜡烛出售，英帝国在扩张，这些蜡烛制造商的市场也在扩张。1884年，普莱斯公司通告股东们，他们“要跟强大的竞争对手对抗……不能提高蜡烛的价格，因而只能尽可能削减制造成本”。不过，“过去的生意一直都很不错”。这份报告指出，他们在墨尔本赢得了金牌蜡烛制造商的荣誉，他们的确获得了红利。[12] 19世纪70年代，他们出口的蜡烛的价值随着英国殖民地的扩张而增多。[13] 普莱斯公司向我们证明了能源是怎样维持市场地位的：制造商采用新技术、开拓新市场，与此同时，旧能源的文化意义以及它们的消费也有了新目标和使用方法。[14]

以蜡烛为例，能源的历史具有连续性和复杂性。[15] 这是最近的社会和文化历史研究指出的。[16] 此外，尽管有人认为“家庭照明是一种基本的、不起眼的事，这方面并没有什么历史记录留存下来，也没有引起当代人的评论”。[17] 但在本章中，我们可以清楚地看到这方面的历史可以从各种报纸、书籍、期刊以及某些法庭证词中得到。作为人类进步的标志，照明的意义是众所周知的。例如，希弗尔布施（Schivelbusch）和尼德（Nead）就在各自的作品中介绍了巴什拉（Bachelard）写的关于灯的作品。希弗尔布施的作品中有如下引文：“灯就是守护每个房间的精灵，它是家的核心。没有灯的家，就跟没有家的灯一样，是无法想象的。”[18] 尼德写道：“在巴什拉看来，烛光是文明的事物，人与烛光的关系是一种强烈的心理关系。烛光照明的时候，人会感觉到庄严肃穆，它带来的生活节奏比日光或电灯慢，这是做梦、沉思和幻想的好时候。”尼德发现，巴什拉所称的“火光时间”，就是“燃烧蜡烛的时间”。[19] 烛光和人相依相偎，烛光等待着、守候着、护卫着巴什拉。[20]

然而，在探索从蜡烛到煤气灯的变革时（巴什拉并没有提到过煤气灯），尼德和希弗尔布施就产生了差异。希弗尔布施认为，这种变革是巨大的进步，因为煤气灯的使用是工业化进程所导致的，就跟从牲畜拉车到铁轨火车的变革一样——19 世纪时，煤气灯和铁轨火车经常被拿来类比。他还表示，人们因为工业化进程渗透到了家中而感到不安，甚至还觉得因此失去了自由。人们再也不能沉浸在单根蜡烛或油灯的“火光”中沉思，毕竟不会有人去盯着煤气灯的火焰沉思或幻想。[21] 而尼德认为灯光的变革是不明显的，她拓展了巴什拉作品中的观念，提出“煤气灯是一种介于古老的烛光和最初的现代电灯之间的存在”。[22] 从某种程度上而言，这种理解差异要归咎于希弗尔布施关注的是家庭照明，而尼德关注的是街灯。但这引出了更重要、更宽泛的差异，不仅是关于日夜的感知差异，还有对不同性质和类型的照明方式的认识差异，以及对由它们定义的历史框架的认识差异。烛光的发展历史本来就被定义为古老和过时的，没有实证的、规范的、持续“进步”的历史，以及为了技术创新付出代价、获得经济主导权的某些历史那样壮观。19世纪的照明史就像人类的文明史一样，是不断发展的。而以女权主义史学方式来看，照明史一直都带有性别化标签。

正如20世纪八九十年代的女权主义史学家们指出的那样，过去（并且现在仍然如此），历史知识的产生存在一种基本的结构性问题，导致女性被排除在能源史的史学记载之外，这既与历史主题的形式有关，也与其内容有关。女权主义史学家们认为，我们需要将女性纳入史学探究的范畴，比如提醒我们自己历史上曾出现过很多重要的女性个体，女性跟男性一样，都曾主动参与到国家的经济和政治生活中。他们还认为，我们应该转变历史的探究领域，以便进一步认识到历史既包括了男性的经历体验，也包括了女性的经历体验。虽然历史赋予女性较低的劳动地位，但她们的劳动应该被视为跟男性同等重要，而且我们应该认识到，女性的劳动也是需要技能和才智去完成的，应该赋予其应有的物质价值和创造性价值。[23]

改变女性在能源史中隐形状态的另一种方法就是换一个角度去探讨。女权主义的史学实践通常需要弥补现有资料中的空白，并从可用资料中找到突破口去探究女性的经历体验——就本章的内容而言，便是烛光使用方面的历史。在本书记载的资料案例中，一些女性出现在政府文件中，一些出现在报道资料中，还有一些出现在自传作品或歌颂母亲的作品中，她们是理想的母亲形象。我们在诸如期刊、书籍、阳光肥皂公司发布的各种家庭主妇手册宣传资料中发现了这些女性形象，以及她们在家庭中的劳动情况。

家庭主妇手册有各种版本，它提出管理家居生活、让家变得舒适是女性最首要也最重要的职责——不过经常淡化女性所需要做的工作。1898 年的《阳光年鉴》提出："为了让家变得舒适宜人，并充分利用好一切物资，你需要做的事情之多，几乎令人难以置信。"通过一场性别化的探讨，这份手册奠定了这一时期"家庭应舒适节俭"的基调。手册通过举例（如织袜子，用香烟盒做针垫，用大篮子做可移动家居，用箱子做"音乐车"，用擦拭干净并涂漆的水管做伞把），提出虽然这些活儿都需要"品位和智慧"，但都是女性的轻松简单的工作。"所有这些，"《阳光年鉴》指出，"可以由家里的女性承担，因为这些并不是什么费力的活儿。"这些建议明确规定了女性应该做什么，并表明听从建议有利于家庭经济的管理以及持家主妇的心理健康："管理家庭经济的重要方式之一是学会以正确的方式做事情。即便是最简单的事情，做的方式也有正确和错误之分，正确的方式省钱省时，免了麻烦，也免了让人发火，错误的方式则与之相反。”[24] 我们知道，这种手册的读者很多，读者们偶尔会做注解。例如,《阳光年鉴》封面上会有读者所写的“最有用的书”的字样，目录标题处还有注释——“医疗”旁写着请查阅第 368 页,“流感”旁写着“卧床休息是必要的”，上面还标注着“禁盐”。这都是用自来水笔写的，能看出是读者的手笔，读者对这些内容进行了重要的反思。[25]

换言之，为了使我们的研究能够重视女性的生活，尤其是来自工人阶级、未受教育的女性以及她们经历的共同之处，我们必须利用好不被关注的内容，除了官方的书面记载，也需要寻找不重要的、容易被忽略的信息来源。这并不是说史学实践的基本方法改变了，而是其研究的问题改变了。正如卡瑟琳·霍尔（Catherine Hall）在其不朽著作《白人、男性和中产阶级》(*White, Male and Middle Class*）中写的那样:“史学家们从繁重的档案工作中构建的‘故事’，通过概念框架来保持严谨性，故事建立在全面收集证据、找寻补充记录、核实相互冲突的观念、践行良好的学术实践的基础上……但在过去的 20 年里，尝试进行特定类型历史研究的史学家们所承担的职责显著改变了。”[26] 不过，史学家们对这种方式的坚持仍然在继续。从 20 世纪 60 年代到 70 年代，女权主义者和女权主义学者进行了广泛的历史研究调查，到 20 世纪 80 年代末，最引人注目的主题便是以前被忽略了的、与私人化家庭生活相关的活动，如缝纫、清洁、洗衣和烹饪等。梅兰妮·基什勒（Melanie Kiechle）等史学家就一直在这样做，他们在史学研究中一直关注女性发挥的特定作用，即女性在家庭这个有限的环境中发挥的才干和智慧。在对过去的“新科技”和环境的关系的分析中，这种作用都是显而易见的。[27] 回顾 19 世纪的照明史，我们发现正如弗吉尼亚·施拉夫（Virginia Scharf）所说的那样：“人类，至少从某种程度上而言，是通过性别而认识自然的。”[28]

为了理解家庭使用能源的决策，我们需要理解作出家庭决策的决策权是如何演变的，以及选择使用某种能源是如何成为习惯的。这些决策不可避免地是性别化的，就跟维多利亚时代约定俗成的其他生活习惯一样。正如哈拉维（Haraway）认为的，要认识人类以及其与环境的关系，我们需要了解日常决策权是如何演变的，[29] 并让这种不可见的演变过程变成持续可见的，从而便于探讨。我们需要了解家居环境史，探索人们的日常生活方式，以及他们与彼此和环境的交互关系，还有日常对能源的依赖。[30] 当环境史涉及能源史时，就必定要关注能源在家庭中的使用，而这种历史一定会被打上性别化标签。

烛光、女性和日常的物质文化

19 世纪就跟 18 世纪一样，正如我们在前文中所了解到的，家庭主妇和仆从做家务劳动时（无论有偿还是无偿）仍然需要依赖人造光。[31] 这些劳动在两个方面与性别特性相关：一是职责，二是所花费的时间。许多常见的家务活儿都是女性完成的，这些活计都需要光，即使是火光的光照。为此，人们发明了放大镜，可以将蜡烛的光线投射到需要近距离完成的事务上，如织补和缝纫。护理和育儿延长了女性的家务工作时间，通常也都需要深夜的光照。因此，特定照明方式和设备的使用或许会受到特定性别或角色的塑造。例如儿童房内使用的一些设备，要么是为了提供柔和的光线，要么是用来为儿童的食物进行加热。[32]

从物质文化资料中，我们可以知道蜡烛的使用具备灵活性，家庭中的日常活动需要用到蜡烛，如护理、育儿和日常照顾，这都是女性专属的活计。[33] 照明设备的管理本身也是很费力的，它既需要体力，也需要技巧。

例如要用“肥皂和水”擦洗镀金烛台，用“热水和珍珠粉”清洗肮脏的油灯，用“肥皂和水”擦洗灯罩上的焦斑。虽然在最富裕的家庭里，这些活计可能是男性仆人完成的，但通常来说，还是女性来做。在家居指南等资料中，仆人总是以“她”来指称。从这个角度而言，虽然这种劳动从社会层面上是中性化的，但在实际中它更多是以女性为主的。[34] 有偿和无偿的家庭劳动都是有价值的——既是生产性活动，又与资源管理和控制有关——且是由女性完成的。

金属食物保温器

找寻被烛光点亮的女性生活

女性和孩子们在烛光中的互动可以通过 1830 年的一起盗窃案体现出来。这次案件的被告人是住在廉租公寓房内的一位女士，据说她曾让一位女性证人“点起蜡烛，照顾孩子、陪他玩”。[35] 我们不仅在法庭案件记录里的城市贫民生活中发现了蜡烛，而且在乡村生活以及旨在给富人看的期刊杂志中也能发现。根据 19 世纪三四十年代的《农民杂志》，蜡烛是卧室照明用的——为了让人们在天亮前赶早班车，或让学生在晚上夜读——人们需要仔细控制其使用风险。[36]

19 世纪 30 年代时，蜡烛在社会各阶层和各行业中无处不在。到维多利亚时代结束时，虽然油灯（因煤油的开发而重新问世）已经普及，社会也接受了煤气灯，但蜡烛仍是无处不在的。家庭主妇手册精准地概括了能源使用的性别标签和节俭要求，为资产阶级人士规定了仆人（女仆）需要怎么做才能让光线充足，体现出由社会阶层决定的照明管理。例如，1907 年的一本家庭主妇手册中就规定了灯盏、煤气灯、电灯和烛台等都需要清洁:“这就需要女仆非常细心。要擦洗烛台，需要备有专用的抹布和刷子，要用专门的刀具来刮磨，还要有用专属盒子存储的专用润滑油。”雇主们需要按照书上的指示，吩咐仆人来管理晚间的照明：“现在房里的一切都为过夜准备好了，女仆要将蜡烛和火柴一起安置在便于拿取的地方，以备需要。”[37] 诸如此类，每一本手册都有富裕家庭中的能源使用指南以及跨越性别和阶层界限的任务安排等内容。

《万事通》是一本针对有抱负的工人阶级上层或中产阶级下层人士的出版物。在这本书中，我们发现了一系列给家庭主妇看的小贴士，标题为“舒适家居提示”。在睡前就着烛光读书这件事上,《万事通》提醒读者,“将蜡烛安置于你背后”；关于就着烛光缝纫,“烛光后面要安放白色布料或白纸”；关于避免蜡烛油焦斑和火灾的风险,“冬季天黑前尽可能完成家务，这样晚上就不用带着蜡烛到处跑”。[38] 烛光显然与休闲有关（如睡前阅读），必须谨慎小心管控（如用白纸将可用光最亮化），而且有一定的风险，可能会限制女性的劳动时间。

在其他照明方式兴起的时候，蜡烛仍然占据着主导地位，它们的存在被视为理所当然的。有时候，它们的生产和使用取决于女性的家庭职责。例如，1898 年的《阳光年鉴》既指出了读煤气表的方法，也概括了治疗耳疼的方法，并随附了一张育婴女佣的图片：“舀一小勺甘油，放到蜡烛的烛火上温热，轻轻地灌入耳朵里。”[39] 蜡烛是便携的，可以被放置在任何需要光（或热）的地方，而且走到哪儿就可以带到哪儿。虽然在这一时期，大多数人都是购买成品蜡烛，而不是买材料回去自己制作，[40] 但此时的蜡烛也会滴落废料、留下痕迹，废料可以被重新加工使用。因此，1894 年的《万事通》虽然推荐购买“菲尔德和蔡尔兹”夜间照明烛，[41] 但也提供了用棉花和蜡烛废料自制夜烛的说明——将做好的蜡烛放在药丸盒里，然后将盒子放在盛水的碟子里，这样，蜡烛末端和滴落的燃料就能完全烧掉。[42]

烛光和成本

那些按照家政科学训练仆人的人，试图让家庭弃用普通的烛火，因为根据威廉·特盖尔梅尔（William Tegetmeier）的说法，蜡烛价格高得离谱。这就是建议人们减少使用蜡烛的理由，而且建议是针对女性的，因为女性被定义为家庭管理的主要负责人。特盖尔梅尔指出，蜡烛，因为最初成本低廉，主要被用于制造光，它们发出的光虽然很微弱，但几乎是我们所能使用的最珍贵的光源。[43] 但是跟其他光源作比较，很难确定具体用量。

在阿库姆（Accum）的《煤气灯实用专论》（*Practical Treatise on Gas-light*）中我们发现，这个问题显然非常重要，足以让读者决定放弃蜡烛、采用新能源。他列出了几组数据，将个人制造的煤气灯与商品牛油蜡烛的成本进行了比较。阿库姆计算出，在他位于曼彻斯特的棉纺厂里，使用 2500 根每磅 1 先令的蜡烛，平均每天使用 2 小时，每小时消耗 0.4 盎司牛油，每年成本约为 2000 英镑，而煤气的成本只需 600 英镑。如果每天平均使用 3 小时蜡烛，那么成本为 3000 英镑，但煤气只需 650 英镑。伯明翰的一家小型金属玩具工厂冬天会使用 24 盏煤气灯，每天花费 4 便士，但蜡烛每天要花费 3 先令，也就是说，一年使用 20 周蜡烛的话，需要花费 50 英镑。伦敦的一家小型顶针制造商称，7 个小时需要燃烧 42 根脂烛，耗资 7 先令。而且在上述所有使用蜡烛的地方，都产生了废气。

阿库姆努力地让人们接受煤气灯，这也符合富盖（Fouquet）和培生（Pearson）的观点，他们认为，富裕阶层正在寻求负担得起的新型照明技术以提高行事效率。[44] 然而根据特盖尔梅尔的书，以及 1907 年的一份家庭主妇手册，对当时的人们来说，晚上的蜡烛仍然是触手可及的（此时城市中的资产阶级已经能够用上电了）。因此我们有明确证据表明，即便是到了 20 世纪初，在家庭经济状况还不错的情况下，蜡烛仍然是家庭常用的一种能源。因此，在整个维多利亚时代，蜡烛一直在家庭中（以及其他地方）使用，女仆和主妇都可以用它们来工作。

描述妻子或女仆承担的职责时,《万事通》概括了管理家庭照明所需的性别化工作。但如前所述，蜡烛的使用也有阶层的差别。在家庭主妇手册等资料中，我们可以从有偿工作中区别阶层——清理烛台、收拾废料、整理过夜所需的蜡烛和火柴——已经不再是中产阶级的家庭成员亲自做的事情了。从其他资料中我们发现，特定类型蜡烛的消费也是分阶层的。撇开能源的开发成本和利用效率不谈，拥有能源及提供能源的材料就等于拥有足够的社会地位，因为获得这些物资需要有购买能力。照明方式的日常用途也因阶层和性别而异。在《荒野庄园的房客》(*The Tenant of Wildfell Hall*)中，如果男仆不知道女主人的蜡烛“是蜡做的，不需要剪烛花”[45]的话，他就会被认为是喝多了或者是粗俗、无礼的。因此我们有理由认为，由于此书作者安妮·勃朗特(Anne Bronte)默认有文化的女性读者会理解蜡烛的社会意义和阶层意义，懂得怎样管理照明，所以她才会在作品中写这样的情景。在伊丽莎白·盖斯凯尔(Elizabeth Gaskell)的作品《克兰福德》(*Cranford*)中，我们也读到了节约高昂蜡烛成本的相关描述。[46]

在一篇记录中，一位女士被指控偷了蜡烛，因为她想要让别人认为她属于高等社会阶层。根据《每日新闻报》的报道，这位女士跟丈夫离婚了，“她丈夫是一名钢琴调音师，最近买了套公寓。毫无疑问，她为了让自己看起来高人一等而做出了一些不当行为，而这种行为正遭到非常公正且严厉的处罚”。[47] 被偷盗的商人起诉了她，商人在伦敦城里有6处产业，他希望维护自己的声誉，因此在报纸上刊登了自己的辩护信作为回应——此前，这位女士的一名房客曾在该报发文为她辩护。根据商人在法庭上的陈述，他刚要出门时，见她进了店铺，走向“蜡烛柜架”，正在她说着想要买什么东西的时候，商人“清楚地看到了她腋下夹着的那包蜡烛”。接受法庭审讯时，这位女士说她当时不想买任何东西，于是便离开了商店，没有去过蜡烛柜架。商人则说他在门口拦住了她，掀起了她的斗篷，斗篷下露出了蜡烛包，然后这位女士希望商人“把蜡烛送回她家去”。商人回答道：“我不会把它们送到你家，但会把它们和你一起送到警察局。”而这一幕“被一位绅士的妻子看到了”。[48] 从这个案子中，我们能清楚地认识到，对于维多利亚时代的资产阶级女性而言，拥有和使用特定的照明能源与社会地位和面子密切相关，这是社会阶层和性别特征的综合体现，而不仅关乎照明的质量或效率问题。

烛光和劳动力

如下关于脂烛的描述以及其与蜡烛的比较，都出自阿库姆《煤气灯实用专论》：

> 脂烛快烧完时的火焰是黄色的，烟雾缭绕、跳跃不定。灯芯粗的脂烛刚被点燃、灯芯被掐短了的时候，火焰是完美且明亮的。灯芯不掐短就会越来越长，油脂燃烧不充分，一部分化成了烟，这种烟越来越多，少量煤灰或煤烟沉积在灯芯上端，最终就变成了黑漆漆的一团。因此，脂烛发出的光不超过其制作材料充分燃烧产生的光的十分之一，燃烧效率不高。因而，脂烛需要不断地剪短灯芯。我们再看看蜡烛，灯芯细且灵活，而且很长，蜡烛的底部是固定的，因此它可以自己熄灭，这种熄灭方式比人工剪短的方式更为精准。脂烛与蜡烛价值是否相当，取决于材质的熔融度。从商业角度来看，为了达到这个重要目标，有必要进行坚持不懈且广泛的科学研究。[49]

由于某些材料导致了更多（或更少）的人类活动（即人力）来管理照明的最佳效果，因此蜡烛的成本或价格可以与燃料内部的能量消耗，或者与修剪或熄灭蜡烛所需的劳动力相匹配。这一点从科学角度很好理解，并得到了阿库姆等作家的广泛传播，而且在用于教育仆从的册子中也被反复强调。[50] 特盖尔梅尔等人也为其目标读者——培训机构和女校中的女性——细致地进行了介绍说明。[51] 阿库姆提出的“选择合适的能源能使家庭在照明方面更加经济高效”的观点显然很有影响力，毕竟到 1880 年时，阿库姆的著作已经出了 10 版，而且这种观点也被政府文件所引用。在当时，这类经济知识被认为可以帮助女性获得更高薪的工作。[52]

与其他开销相比，当时的脂烛价格还是相对稳定的。蜡烛价格通常是脂烛的 3 倍至 4 倍。[53] 不过，所有蜡烛的成本都存在问题。1839 年,《泰晤士报》提议人们作一些储备，甚至储备一些脂油:“用盐减缓脂油的燃烧速度，让脂烛整晚燃烧，为卧室提供充足的光线。”[54] 同时，由于政府干预以及市场竞争疲软，油价一直居高不下。[55] 家庭人工照明的消费与高水平的资本和商品化程度有关，这促进了家庭节俭。此外，在天然气市场开启之前，富裕的家庭已经开始依赖于加工程度更高级的可用燃料了，他们通过选择更高品质的产品，来降低使用蜡烛的劳动力消耗，毕竟更高级的照明产品不需要在家里维护照明设备，也不需要做更多照明管理工作。到

19世纪结束时，有余钱的家庭会购买轻便的烛台，这种烛台可以在蜡烛燃烧的同时自动向上抬高，不用人工干预就能保持光源的位置，方便人们阅读。[56]

结论

虽然追求目的论的进步主义者用了各种官方资料、数据、专利文件及相关法律案件，将照明史划分成了微小的、戏剧性的技术性变革瞬间，但如果我们考虑到家庭生活的历史，比如与女性生活更为密切的、不会被长期保存的资料，诸如说明文献和家庭手册，那么我们就会发现照明史和能源史具有发展延续性。虽然本章主题是蜡烛的使用而不是生产，但我们也要知道，蜡烛（以及其他照明设备）在很大程度上依赖于维多利亚时代的国家、帝国和全球市场内动物、植物、矿物资源和能量的持续性相互关联。例如，随着19世纪30年代蜡烛的使用增加，蜡和油脂（牛油、羊油、鲸脑油和蔬菜油）的需求和销量也逐渐增多。油脂的销量和价格又影响了牧场主以及其他制造肥皂等产品的生产商的行为。

19世纪时，在英国市场上流通的蜡烛就跟食物等其

镀镍烛台，可用于阅读

他资源一样，既依赖于“鬼田”（ghost acres）* 和生态环境中的原材料，也依赖于远离英国的人力和畜力劳动。因此，《泰晤士报》于1836年1月发起了一场关于肥皂和蜡烛进口关税的激烈辩论。当时的议员汉德利先生认为，从俄罗斯进口的油脂的关税应从每百磅3先令4便士提高到10先令或每吨10镑。当时，英国的动物油脂年产量为10万吨。随后，肥皂制造商呼吁取消对肥皂征税，就像取消对蜡烛、碱和玻璃的征税一样。在油脂生产方面，由于缺乏税收记录，因此无法可靠地评估英国畜牧业生产的油脂数量。不过，由于当时有大量各种

* 可以理解为幽灵般存在的农田，指虚拟的或间接的土地。该词是指一种资源消耗模式，许多西方工业化国家在殖民地实施这种模式，将本国的商品外包给殖民地进行生产，并将最终产品带回本国市场销售，消耗了殖民地的资源，而不使用自己的资源。

形态的油脂从俄罗斯输入英国境内，所以这一时期，在关于保护主义与自由贸易以及不同行业商业利益竞争的激烈争议中，原材料话题占据了重要地位并且极具新闻价值就一点也不令人惊讶了。[57]

然而，在照明史中寻找女性时，我们也发现了能源用于家庭照明和供热的历史。蜡烛中潜藏的能量不仅被释放出来，还通过人的劳动发挥了更多作用，如剪短烛芯使光更为明亮（而不生烟），在晚上为婴儿或需要照顾的人温热食物等。未使用的能源被节省了下来，例如将滴落的蜡重新放进蜡烛模具中，制造成新的蜡烛以备使用，从而产生更多能源。在使用能源的时候，富人通过购买更为优质的资源（如自熄蜡和专利蜡烛），减少了人力劳动（拨弄和修剪脂烛）。我们发现，蜡烛的意义受到阶层和性别的影响，蜡烛产业受到了家用电器和新照明产品竞争的影响。此外，在认识家庭对蜡烛的持续性需求——便携、适合深夜照顾和护理——时我们发现，19 世纪的能源使用决策是“女性专属”的领域。

凯伦·塞尔

（Karen Sayer）

第三章

女性、焦虑和化石燃料：家庭成了危险的空间

昨晚，威廉·菲斯贝尔夫人尝试用煤油点火，结果——房屋被烧毁，一个孩子被烧死，菲斯贝尔夫人和另一个孩子可能受了致命伤。

——《伦敦广告商》，1880年8月3日

全球变暖、化石燃料污染加剧和新冠疫情大流行，给人们熟知的“能源现代化必胜”的叙事带来了重大挑战，现在似乎是时候去重温19世纪和20世纪初的女性

首次在家中面对新能源时产生的焦虑感了。探索女性在家庭中进行能源使用决策的史学家们，一直倾向于强调女性对能源成本和性能的理性决策，以及消费型社会的文化、经济和父权制背景，这些背景为她们主动或被动接受家庭中的能源变革奠定了基础。[1]对女权主义史学家而言，女性对能源的焦虑可能是一个难以探讨的话题，这种焦虑的影响力不可能得到证实，即便可以证实，其证据也并不是毋庸置疑的。在那个时代的家庭中，新能源对人造成的身体伤害的实际程度几乎没有统计资料可以证明，也没有任何可靠的方法来衡量恐惧和焦虑在多大程度上影响了人们对新能源的接受程度。[2]但是，焦虑显然没有阻止女性购买和使用新能源，但正如格雷梅·古蒂在《电力家庭化》(*Domesticating Electricit*)中提出的非常有说服力的观点，恐惧和焦虑感潜藏在女性的能源使用经历之下，决定着她们的能源决策和行为，影响了家电商和公共电力公司售卖产品和服务的方式，并促进了家庭管理咨询市场的快速增长。[3]女人们都认识到了，新能源虽然更有效，但也比旧能源更加危险。在新能源刚刚上市还不为人们所熟知的时候，她们的恐惧感最强烈。

尽管存在贬低女性胆量、批评她们对新能源一无所知的性别刻板评论，但很多女性依然每天都在接触这些新兴事物，同时努力保护她们的家人，减轻家庭中的新能源可能造成的伤害。从1850年到1930年，在严格的安全标准生效之前，女性很担忧能源的安全性，且认为自身有责任解决能源使用的安全问题。[4]本章参考了来自英国、美国和加拿大的相关探讨和观念，在19世纪末和20世纪时，加拿大的许多女性都很熟悉这些内容，她们尝试在家里处理和使用新能源，其中的一些尝试发生在加拿大边界地区。对女性来说，这里的“边界”是隐喻性的，她们在接触现代能源时，便是与边界的相遇。[5]本章关注了在化石燃料的开拓时代，女性的能源焦虑的3个来源：火灾、爆炸，以及与燃气和石油相关的毒气。[6]因此可以说，本章探索的是化石燃料变革中比较阴暗的一面。[7]

家庭成了危险的空间

北大西洋两岸的史学家们细致地探讨了19世纪和20世纪初，作为“无情世界中的避风港”的家庭空间。这是一个性别化、理想化的内部世界，在这个世界中，女性可以将自己的家人与外部世界隔离开来，保护家庭免遭商业的、污染的外部世界的侵袭，以及避免快速发展的工业化和城市化进程带来的令人不快的物质和文化恶果。[8] 史学家们一直在质疑19世纪的一种观念，即女性在家庭中的生活实际上处于一个与男性世界相对独立且物质上相分离的物理空间内。但人们也普遍认为，这一时代的女性越来越注重在家庭空间内维护着家庭成员的幸福和健康。[9]

家庭成了越来越焦虑的地方，因为女性承担了越来越多的与家人健康幸福相关的高度性别化的工作，而且还有很多需要注意的隐患。19世纪中期，北美和欧洲兴起了一场“健康主义运动”（santitarian movement）*，医生、公共卫生工程师、水暖工、建筑师和社会改革者将“房屋病”（house disease）视为对个人、家庭和整个社会有害的潜在危险源，包括家中的恶劣卫生条件、个人的不良卫生习惯和传染性疾病，因此家庭需要持续被监控。[10] 例如，“阴暗的地窖、尘土飞扬的地毯和潮湿的抽水马桶，是隐形且致命的疾病的滋生地”。[11] 19世纪末时，女性（主要是承担母亲职责的女性）被认为是“家庭安全管理者”，[12] 她们的首要职责就是“保护所爱之人免遭伤残和死亡威胁”，[13] 她们不仅要对抗疾病，还要对抗危险。

---

* 该运动致力于宣传健康饮食和卫生的生活方式，强调干净饮食、素食和适度运动，反对酗酒、烟草和不卫生的生活习惯。

史学家们记录了各种各样的宣传举措，从政府公共卫生运动、抗结核运动、女性学院和家庭主妇俱乐部，到各类家庭主妇手册、家庭科学和家政教育材料的大量发行，所有这些都旨在帮助家庭主妇们实现她们伟大的甚至是英勇的保护家人的任务。[14] 到 19 世纪末，女性作为家庭安全和幸福管理者的职责遭遇了一系列挑战，这些挑战在蓬勃发展的家政学和家庭科学运动中被揭示出来。[15] 当时的教育变革和社会变革运动的一个重要内容，便是对女性进行现代能源知识的再教育。有史以来第一次，女性为家庭提供光、热和食物以及维护家庭事务的其他劳动，成了欧洲公众相当感兴趣的话题。[16] 女性使用家庭能源的情况，深深植根于 19 世纪和 20 世纪主导能源变革探讨的能源必胜论（energy triumphalism）* 中。[17] 但是，女性第一次在家中使用化石燃料的时候，这种燃料却让她们深感焦虑。

理解能源焦虑

在家庭主妇看来，他人积极推荐她们在家庭中使用

* 指对特定能源形式或能源变革过程持过度乐观的态度，认为某种能源或者能源变革是完全成功的。

的新能源，往往是昂贵、奢侈、不安全的。正如古蒂在《电力家庭化》中所述，“将高科技事物切实运用到家里”需要进行大量的工作，必须让女性确信，电能已经“被控制得足够好了，可以安全可靠地引入家中”。[18] 虽然推广者大力宣传使用新能源能够给人带来休闲、便利和舒适，意味着更高人一等的生活品质，但是实际上，新能源的使用成本较高，便利性和实用性也有待考察。这种矛盾的状况令人感到不安，尤其是在燃气和电力刚刚开发的初期、人们对新能源还不够熟悉的时候。

历史记录中也不断出现女性对能源的恐惧和焦虑。尽管医生、水暖工、电工、工程师和一些改革者等“外人”（与家庭生活没有直接关系）对家的“兴趣”越来越高，但20世纪下半叶之前，关于“房屋病”性质或程度的统计数据很少。[19] 工程传单、家电广告、报刊或家庭手册中，很少直接记载女性对能源的恐惧，但正如后文所说，许多记载都非常明确地向如今的读者阐述了女性产生担忧的确切理由。很多企业通常忽略了自家开发的能源（如电力或燃气）的危险，而将竞争对手产品的危险性揭示出来，这为能源的安全问题提供了直接证据。

家庭手册等资料提供的安全使用不同电器的常规建议让女性感受到恐惧和焦虑。这些手册的语气和内容都不相同，有些意在安抚女性的恐惧：“煤油不是易爆品。将燃烧的木条扔到煤油中，或者以任何方式去点燃煤油，都不会爆炸。”[20] 也有一些内容详细指导了女性应该怎样降低风险、克服恐惧心理：“你如果知道怎样保护自己，而且确定无论发生了什么，你都能够避免受伤，那你就会有自信去应对。”[21] 报纸通常责备女性的胆小、粗心和无知：“女性用煤油自杀的病态倾向，似乎是不可治愈的。昨天在布鲁克林，有一个刚到当地的仆人，她没有听过不能用油生火的警告，使用油生了火，结果发生了火灾。”[22] 事实上，诸如“女性的无知和落后使她们不能使用新能源，或是使用不当”的观念一直存在，这是“女性在技术能力方面落后”的刻板观念的缩影。正如一位家庭经济学家总结的那样：“据说家政学是世界上最落后的科学。有男人说，如果女人离开半年，让男人去干家务，那么女人回来的时候就会发现，男人们都坐在栅栏上抽着烟，干家务的都是机器。”[23] 女性认识到了，她们的恐惧在男性看来往往都是不理智的，但她们依然在日记、信件和口头交流中直接表达了这种恐惧。这些资料表明，女性主要对家庭中的新能源带来的各种可感知的危险存在恐惧，其中最为持久的是对火、爆炸和空气质量的恐惧。

火

火的隐患通常是家庭生活中最主要的风险之一，毕竟家中的烹饪、照明和取暖都要靠火。在 19、20 世纪，管理照明是一种性别化的劳动，也是最容易诱发火灾的劳动。当煤油开始取代以前的鱼油等动物油或菜油被用于照明时，女性仍然承担着修剪灯芯、擦拭和调整灯盏的活儿。[24] 将蜡烛或灯火从一个地方转移到另一个地方，这其中的危险性是每家每户都知道的。孩子们从小就接受这样的教育——不能携带灯火到处跑。在人们睡觉的地方，尤其是在孩子的卧室里，通常都是禁止燃烧蜡烛的，除非是在生病时。[25]

当时，灯火的危险性得到了广泛探讨。1884 年，哈蒙德电力公司的老板罗伯特·哈蒙德在为电灯进行的大力宣传中指出："火灾几乎总是与照明有关。"他声称，大部分火灾是由于人的粗心大意引发的：

> 床边的蜡烛没有熄灭，蜡烛点燃了床单；裸露的煤气灯管离墙壁太近，房间里的木制品被点燃了；灯盏突然被打翻，房间里马上就着火了；蜡烛掉到了女演员的裙子上，人就这样被活活烧死了；一个小房间里，煤气喷嘴口逸出的气体着火了，烧

了一整晚，造成了爆炸和火灾。[26]

在19世纪后期的出版物中，煤油灯被确定为一种特殊的可能导致火灾的物品。虽然煤油灯制造商和石油销售商都辩称煤油灯比蜡烛和过去的灯盏更加安全（因为煤油灯的火焰被罩在玻璃罩里），但这种石油产品比其他自然产物更容易起火，当然除了知名的易爆气体莰烯（通过提取松节油而产生的一种物质）。[27] 即使在19世纪70年代末，煤油提炼已经实现标准化，减少了因点燃煤油而引发的火灾事故数量，但因“煤油灯打翻或爆裂”引发火灾的报道仍然常见。[28] 直到第二次世界大战期间，加拿大农村的居民仍在使用煤油灯照明，煤油有多么容易引起火灾，成为人们经常探讨的话题。[29]

虽然并没有数据资料统计美国或加拿大全境的煤油火灾事故数量，但根据克利夫兰（标准石油公司总部当时的所在地）的统计，当地煤油引发的火灾数量呈上升趋势，从1865年的56起增加到了1874年的249起。根据记录，有11次火灾是因为煤油引起的爆炸，5次是因为自燃，13次是因为人打翻了煤油灯。[30] 1902年，英国一篇关于煤油灯使用和保养的文章提供了一些相关的统计信息，但同时淡化了报刊上耸人听闻的“家庭炸药”报道的影响力。作者指出，尽管煤油灯的使用有危险性，但跟坠楼而亡的事故相比（每年731起），致死率还是较低一些。当时的另一份报告指出，在两年内，“单独待在起火的房间里被烧死”的孩子一共有1684名，与这个数据相比，煤油灯直接致死的概率确实是小得多了。[31] 该作者认为，在19世纪的最后10年里，英国每年平均有134人死于煤油灯，其中大部分可归咎于移动灯盏时的疏忽，或将灯放置在不稳定且易燃的地方，溢出的油溅到了火上。加拿大安大略省的《金融时报》1895年发文称，据统计，当年发生火灾1598次，其中360次是由于“可预防的原因”，如“火花、火柴、有缺陷的烟道和烟囱、灯盏和灯笼、火炉、烟袋等”。[32]

如前所述，人们普遍认为女性，尤其是仆人（总被默认为女性）在引发火灾上是粗心大意、无知的，总被默认为导致火灾发生的罪魁祸首。1880年，《科学美国人》称：“火灾发生的主要原因都在于家里的仆人和主人的粗心（几乎1/4的火灾都是因为这一点），因为肮脏的烟囱、煤油灯的爆炸、窗帘靠近了煤油灯。”[33] 1923年，美国保险商协会首次发行了一期关于家庭防火的刊物，坚称大多数火灾都是可预防的，他们认为“在每年因火灾导致的15000起死亡事故中，75%是由于疏忽和粗心，其中一半发生在家里”。[34] 同一年，美国国家安全委员会发言人认为：“防止家庭火灾的责任在于女性，她们有责任避免使用火柴时的粗心，不使用易燃的清洁液，不再误用煤油灯、煤气炉和熨斗，避免将油布和衣物堆放到一起，避免过度磨损电线。”[35]

女性还有责任管理家庭中的其他火源：烹饪、供暖用的炉灶。女性一直都很清楚，在照看和使用火炉时，衣物、长发以及小孩子都要远离明火。19 世纪 60 年代，新型铸铁煤炉和柴炉在北美广泛使用，制造商们很快就声称这种封闭式火炉是比平炉更安全的一项重要发明。但是，廉价金属炉子的裂缝、不合适的护板还有不牢固的火炉腿，都意味着在烹饪和取暖时仍然有冒烟起火的危险。[36]

火炉也带来了新的危险。由于在封闭式火炉中燃烧木材会产生极易燃的杂酚油，火炉火灾也成了一种越来越广为人知的危险。在漫长而寒冷的冬天，人们是不可能手动清扫烟道里的残留物的，北美地区北部的家庭无法忍受几个小时停止供热而清理烟道，而且在极寒的条件下，人们很难清除干净残留杂酚油。[37] 如果杂酚油在火炉的排烟管道里燃烧起来了，人们就会手忙脚乱，要封闭火炉的通风口，要用湿毛巾去冷却发红发烫的管道。[38] 有时，人们会有计划地烧掉杂酚油，以降低意外火灾的发生风险。一位加拿大农村居民的话揭示了能源焦虑的性别化倾向：“我父亲会故意在火炉里多放燃料，直到火炉里的煤烟也烧起来为止。不用说，我母亲并不同意他这样做，但我父亲大笑着说不用担心。”[39] 另一位女村民从小就记得，在一次火灾时，“我母亲抱着一个婴儿，年幼的孩子们跟在她身边，准备随时跑出去”，一旦墙壁着火，他们就会立刻跑出去。[40]

爆炸

化石燃料出现在家庭中，无疑增加了女性遇到爆炸的风险，化石燃料中的挥发性可燃物很容易引起爆炸。女人们害怕打翻煤油灯，以及打翻之后可能引起的火灾。1882 年多伦多《全球》杂志的文章《煤油灯为什么会爆炸？》的作者开篇就跟读者保证，煤油本身不易燃，只有提炼失误或黑心商贩往里掺了汽油，才会容易发生爆炸。虽然煤油本身是无害的，但暴露在空气中时非常易爆。不幸的是，正如作者耐心指出的那样，这种爆炸极有可能发生：“灯刚刚点亮且油未加满时，以及傍晚时分灯油快要耗尽时，最容易发生爆炸。”夜晚结束、灯光熄灭，“灯盏冷却下来，灯罩中一部分蒸气冷凝，产生局部真空，空气很快就会涌入”。他继续解释道：

> 灯罩内混进了空气，的确是易爆的。通常在第二天晚上，灯油还未续添时，人们就点燃了灯，这

就很可能发生爆炸。晚些时候，油快烧完了，灯火上方充满了蒸气，只要灯盏一直放在桌上不动，油灯是不会爆炸的。但如果被人拿起来，放到一个较冷的房间里，蒸气会变凉，空气进入灯罩中就容易发生爆炸。[41]

正如不列颠哥伦比亚电力公司在 1904 年的一份营销小册子《谈电力》中所说的："以前的照明用煤油灯，既危险也不令人满意——无论是年轻人还是老人，手持煤油灯都是危险的，风吹或是手抖都会影响到灯盏平衡，极易引发爆炸，导致非常严重的后果。"[42]

报刊上刊登了很多煤油爆炸事故，警告女性这种能源的危险性。[43] 但煤油爆炸最常见的原因是女性不慎使用煤油去点燃火炉。正如伊丽莎白 · 罗杰斯所说，在 20 世纪 40 年代她还是个孩子时，她母亲每天晚上都要在柴炉里点火。第二天，"如果火没完全灭但木头湿了，她就会往火炉里加一点煤油，即便这样做很危险，她也会去加"。[44] 罗杰斯家里没有因为母亲的做法发生过事故，但根据大量的报刊报道来看，其他家庭就没有这么幸运了。[45] 正如《卡尔加里先驱周报》以幽默手法表达的那样："有人说煤油可以去除火炉上的锈。但操作不熟练的人已经发现，煤油不仅能去除锈，还可能附带着烧掉火炉，偶尔还会殃及点火的女仆。”[46]

20世纪初流行使用煤油炉，因为这种火炉的火小且聚集，适合没有通电或装煤气管道的家庭烹饪用。它还有一种好处，就是不会让整个厨房升温。[47]保险行业表达了担心，因为夏天的厨房里普遍用这种火炉，厨房成为火灾的隐患之所，这些厨房“通常是木板棚屋，铁皮烟道（经常生锈、有洞）穿透了木制屋顶”。[48]就像卡洛塔·格里尔在她1937年的家庭经济学著作中解释的那样，事故通常发生在向煤油炉里继续添燃料的时候：“无论你有多么着急，都不应该这样做。给火炉添燃料之前，一定要先熄火，让火炉冷却下来。虽然在忙着做饭的时候，这样做很不方便。”[49]美国家庭经济学家伊迪丝·艾伦在她的著作《家中的机械设备》中提出，家庭主妇必须准确按照使用说明来操作，因为煤油炉“并不是十分安全，那些害怕或不知道怎么使用的人不应该用它们”。[50]火炉必须保持干净，灯芯也必须调整好，以防止烟灰、烟雾聚积而引发火灾。“虽然只有在气体聚积并被高热或火花引燃了之后油炉才会爆炸，但易爆炸的气体更可能在油罐快空的时候就聚积在罐子里。”[51]这句话之后是一段不那么让人放心的内容：

万一火炉着火了，关上阀门也灭不掉，那就把油罐移开，放到安全的、着不了火的地方。做完这些，大部分火炉里剩的油都不会超过一品脱，很快就会烧完，只要确保远离布料和水，那就不会有任何危险。打开门窗让气和烟散去，如果有必要，请将火炉移到远离墙壁或家具的地方。其实只要油罐移开了，火炉就不会爆炸。[52]

显然，使用新能源时要谨慎小心。为了家庭安全，女性必须要理解这些全新的、高精准度的能源使用要求，并小心控制相关设备用具，以防止造成严重后果。

不过，即使是铸铁柴炉和煤炉，作为新的化石燃料冶炼工艺的产物，也并非没有爆炸的风险。[53]克拉克在他 1903 年的作品《顾家》中指出，这些经过检测的火炉，基本不可能造成“非常危险的爆炸”，当然，除非有人在管道结冰或者堵塞时点燃火炉：“许多不幸的仆人被波及，许多厨房被毁了，都是因为粗心导致的严重爆炸事故。”[54]1870 年，匹茨堡一户人家的煤炉爆炸，厨房着火、房门被炸掉，厨师的一条腿也被炸掉了。报刊报道称，虽然人们很自然地认为这次爆炸是因为“女厨师在点火前没能打开火炉的阀门”，但实际情况并非如此，可能性最高的一种推测认为炉子排烟管被东西堵住了，所以内部“气压升高到了很危险的程度”。[55]

不过，最让女性担心爆炸风险的似乎还是燃气设备。正如新兴电气行业的从业者们不厌其烦地指出的那样，因燃气管道和设备破裂或安装不当而导致的气体泄漏非常常见，使用燃气设备时总是要承担可能爆炸的风险。[56] 此外，跟任何其他气体泄漏一样，煤气炉熄灭后气罐如果没有关好，易爆气体或许会泄漏，从而引发致命性爆炸。家庭手册谨慎提出："查看煤气是否泄漏时，绝不能用灯、蜡烛或点燃的火柴。大多数极具毁灭性的爆炸就是这样产生的。"[57] 燃气行业杂志和销售小册子则声称，燃气引发事故的可能性极低，除非家庭主妇因疏忽没有保持火炉干净，或因管理不善将火焰调得过大。[58] 总之无论是什么原因导致了事故，加拿大的报刊读者们总能了解到各种与煤气厂、煤气炉或煤气灯有关的爆炸的报道。[59]

于 19 世纪 80 年代第一次面市的煤气炉引发了新的担忧。厂商很难向潜在客户宣扬他们的产品和服务是多么安全可靠，因为人们知道"煤气可能引发爆炸、可能让人中毒，这是一种难以消除的偏见"。偏见在煤气炉上体现得尤为明显，因为人们普遍认为用煤气炉烹饪的食物同样有毒。[60] 正如艾伦在《家中的机械设备》中所说的："许多事故都是点燃炉灶时发生的。点燃炉子时，煤气就突然着火或爆炸了，火冲开了炉门，烧到火炉之外，波及旁边的人。”她谨慎地建议，人们在点火前的几分钟应该打开炉门，让聚积的气体消散开。[61] 虽然燃气公司坚称只要使用时谨慎小心，他们的产品还是非常安全的，但有证据表明，这些公司也很清楚自家产品的危险性。即便 19 世纪 80 年代的技术发展让煤气炉更加安全了，但是医生们也收治了越来越多与火炉爆炸相关的伤患，于是“提醒家庭主妇们不妥善管理煤气炉的危险”。[62] 正如安妮 · 科伦宁所证实的那样，事故在促使燃气公司聘用专业示范者方面起到了一定的作用，这些示范者“兼顾销售助理、家庭经济导师和健康卫生顾问之职”。[63] 这些公司“认为聘用受过专业培训的女指导员，能够最大限度地减少炉灶误用，降低家庭事故的风险，避免未来的诉讼和由此产生的负面舆论”。[64]

室内空气污染

除了火灾和爆炸，女性对能源的第三种恐惧和焦虑源于不健康的、有毒或被污染的空气。在那个时代，气味可以直接引起人体的病理反应，工业煤气和煤油燃烧散发的难闻气味引起了人们的关注和重视。但是，室内空气质量问题，可不仅仅是指化石燃料燃烧产生的有毒气体。史学家和生物学家都认为，人们对纯净空气的追求体现了人与居住环境之间的密切关系。正如美国波士顿学院教授康纳威瑞·波尔顿·瓦伦修斯所说，19世纪时，人们不相信“环境仅作用于肌肤表面的边界……人们认为周围的环境会渗入人体的每一个毛孔，创造出健康的状态，这既是个人的健康状态，也是环境的健康状态”。[65]米歇尔·基希勒和南希·托姆斯记载了19世纪的人们关于新鲜和恶臭空气的广泛探讨，这些探讨“同时关注了环境、卫生健康、城市生活的进步和危险之处”。[66]人们努力探究在快速发展和日渐拥挤的城市中民众染上传染病、流行病和其他疾病的情况，疾病的瘴气理论（认为疾病是由难闻的异味导致的）逐渐引起了人们的重视。[67]北美和欧洲地区的城市里设立了多种公共卫生机构，而且有了新的权威部门来监管街头、工厂和人们家中的“恶臭问题”。到19世纪60年代时，有益健康的空气已经成为负责家庭安全健康的女性们关注的热点问题之一。

医学组织、公共卫生机构、报商、广告商、女性组织和家庭主妇们一直在热切探讨空气的问题。空气是否新鲜、是否需要流通，以及下水道臭气积聚造成的新威胁等问题都是人们焦虑的来源。正如首席“管道检查官”在1913年向加拿大公共卫生协会第三届大会报告的那样，不利于健康的空气可能有多种成分，包括“商贸活动产生的下水道气体（尤其是屠宰场的气体），以及道路浮尘、植物种子、固体碳、孢子、菌类、有机物中的细菌等”。[68] 1893 年，弗兰克·舒特（Frank Shutt）在《家里的空气》（*The Air of Our Houses*）中指出，污浊的空气“对健康危害相当大……昏厥、头晕、恶心和头痛都是通风不好的空间里的污浊空气导致的后果，但人们并不清楚，消化不良、腹泻、身体虚弱也是污浊空气导致的常见反应”。[69] 19 世纪时流行着多种关于空气如何影响人的健康的观念，到了 19 世纪 60 年代，人们普遍认为新鲜畅通的空气有益健康，空气不流通不利于健康。[70]

在英国，人们一直认为燃烧煤炭的壁炉和火炉会产生有毒气体。正是因为煤烟有毒性，所以自中世纪末期，伦敦开始流行使用烟囱。自 17 世纪以来，随着煤炭成为取暖和烹饪用的常见燃料，烟囱更加盛行。[71] 到 19 世纪早期，大部分源自家庭供暖和烹饪的煤烟开始污染城市空气，煤尘污垢弄脏了人们的衣服和脸，正如佩特拉·多拉塔指出的，这加重了负责使家居环境整洁的女性的劳务负担。煤烟对人体呼吸系统的负面影响也成了人们经常探讨的话题。[72] 然而在 19 世纪 60 年代之前，关于碳基燃料对室内空气污染的探讨主要集中于照明和烹饪过程中散发的气体。19 世纪初，在家庭刚开始使用煤气灯照明时，人们就关注了这种新型照明方式产生的难闻气味和污垢。正如古蒂所说，许多家庭都因上述理由不愿意用煤气灯，或者仅限于在过道和厨房里使用。[73] 最令人担忧的还是一氧化碳中毒，无论是在工业区还是家中，一氧化碳中毒都可能会让人丧命，也确实经常有此类事故发生。[74]

虽然燃气公司责怪竞争对手电力行业传播燃气危害健康的谣言，并不断强调燃气的清洁和便利，但家庭主妇们仍然抱怨："煤气是肮脏、难闻的能源，会污染室内环境、损坏纺织品，燃烧需要充分通风，如果不通风，硫黄烟雾会积聚，让人头痛恶心。"[75] 尽管燃气公司承诺燃气有促进通风和空气循环方面的作用，而且煤气灯的火焰能够烧死细菌，对空气消毒有益，[76] 但仍然有许多燃气"有害健康"的投诉。[77] 一位管道检查员声称，他曾按要求去一户人家家里察看下水道是否泄漏有害气体，这家人将他们"持续的喉咙痛"归咎于下水道的"毒气"，而只要"在煤气炉上安装罩子和排烟道"，他们的症状就会好转。[78] 克拉克在《顾家》中指出，每年有很多人死于未察觉的气体泄漏引起的空气污染，人们会"因毒气在房间中缓缓扩散而在睡梦中死亡"。[79]

19 世纪 60 年代时，煤炉、煤气炉和煤气灯还产生了另一种特定的风险物质：碳酸。碳酸难以被定义，因为它并没有确定的形态。碳酸结合了人呼吸产生的二氧化碳和煤炭燃烧产生的一氧化碳的特性，成为公共卫生机构和女性关注的焦点。从 21 世纪的角度看，我们已经全面地认识到了化石燃料燃烧对人体健康的负面影响，碳酸的概念是人们对身体健康、空气污染和碳基燃料消费等话题的关注交集。

碳酸并不是因为使用燃气设备而被发现的，但是随着 19 世纪这些设备的使用逐渐增多，关于碳酸的探讨也增多了。最初，碳酸被认为是污浊空气中的有机污染物，是拥挤、通风不好的室内环境中的祸害。人们认为它是“污浊空气中的主要杂质，在检测空气时，它是必须检测的一种成分”。[80] 如果拥挤的公共空间能产生碳酸，那么个人的卧室同样能产生，因为卧室整晚是封闭的、空气不流通的，不利于排出积聚的污浊气体。[81] 关于碳酸究竟是什么的研究，似乎借鉴了人类呼吸研究的科研成果，这些研究证明二氧化碳是呼吸产生的废物，而碳酸跟二氧化碳是有区别的。舒特解释称，碳酸是“碳与氧气合成的产物，因燃烧、动物呼吸以及有机物在空气中的腐烂而产生”。虽然公共卫生学家已经将腐烂有机物产生的有害瘴气与煤烟等化学污染物区分开来，但舒特解释说：“就结果而言，所有这些物质的化学反应都是一样的。木头、煤或其他碳氢化合材料的燃烧都伴随着光和热，这就是我们所知道的燃烧过程。”舒特还声称，食物在身体里消化产生的热量“转化为碳酸和水蒸气，正好等于食物在空气中燃烧产生的热量”。[82] 所以，碳酸是动物呼吸的产物，也就是第一次进入拥挤的房间时闻到的浓重的、令人作呕的气味，“在通风不好的学校或其他公共建筑中，在污浊空气中的所有有害物质中，它是最容易被察觉、最令人反感和难受的”。[83]

由于有越来越多的人认识到“人类的呼吸产物对其他生物而言可能是致命的”，[84] 所以科学家们试图确定呼吸产生的碳酸的量。1874 年加拿大《卫生报》的报道称：“平均学龄的孩子，每人每小时排出约 3 加仑的毒气、杂质和水蒸气，每 1000 加仑的这些有害物质中，就有 3 加仑是正在分解的动物腐尸排出的。”[85] 这份报纸还称：

> 通常，在每立方英尺的空气中，含有不到1立方英寸的碳酸。在呼吸排出的废气中，每立方英尺含碳酸超过70立方英寸。成人肺部通常24小时内会排出约16立方英尺碳酸，其中约有7.5盎司固态碳。[86]

虽然人们对污浊空气的害处究竟是因为空气中缺乏有益健康的氧气，还是因为其中含有其他有害成分而感到困惑，但在关于碳酸过量危险性的探讨中，人们经常提到煤气灶和煤气照明对家中碳酸含量的影响。上述的《卫生报》继续指出，1 立方英尺的煤气燃烧产生 2 立方英尺的碳酸，消耗 10 立方英尺的氧气。燃烧 1 磅石油会产生 21 立方英尺的碳酸。[87] 正如威廉·贝克（William Baker）在他 1860 年发行的关于通风的书中所说的，家的确是一个特别令人关注的话题：

> 与家，家庭的健康、舒适和幸福相关的一切，都比不上净化空气这个问题重要。我们至亲至爱的人，我们的妻子和孩子的生存都依赖于纯净的空气，因为他们的大部分时间都在室内度过。因此，导致空气污染的人工供暖就成了相当重要的话题。[88]

上述引文的最后一句话揭示了供暖与碳酸危害之间的关系。凯瑟琳·比彻（Catherine Beecher）和妹妹哈里特·比彻·斯托（Harriet Beecher Stowe）在她们广为人知的《美国女性之家》（*The American Woman's Home*）中就这个问题发表了权威性评论："住宅通风问题是我们这个时代最重要的问题之一。”[89] 她们还引用了《空气的消耗和污染》（*The Uses and Abuses of Air*）的作者约翰·格力斯科姆（John Griscom）博士的话，他在提交给英国公共卫生专员的检查报告中指出：“我认为，通风不好比其他所有原因加在一起都更加致命。”比彻姐妹继续指出：“有多少人是因为通风不好而慢性自杀啊！难怪会有这么多人肌肉神经受损，这么多人患上淋巴结核、肺结核、黏膜炎、消化不良和伤寒疾病。”[90]

医生、公共卫生专家、卫生督察和主妇们越来越认识到，家中提供光和热的碳基燃料因为释放了碳酸而污染了空气。比彻姐妹声称：“碳酸是由碳和氧的结合而形成的……如果未经充分稀释就通过呼吸进入了肺部，那它就是一种致命的毒药，确实会造成死亡。如果与一点空气混合在一起，它就是一种慢性毒药，以让人察觉不到的方式逐渐毁掉人的健康。”[91] 在 1875 年刊登的《碳酸及其致命后果》一文中，《卫生报》提供了一份令人担忧的列表，列举了由碳酸引起的窒息、身体状况下降和包括霍乱在内的急性健康问题。[92] 正如比彻姐妹的阐述：

> 密闭的卧室和密闭高温的火炉在毒害本国半数以上的人……而且似乎还让人们察觉不到危险。要解决这个问题，就要依靠知识和智慧之光，这

是女性的特殊使命，因为她们控制和管理着家中的一切事务。[93]

1868年,《加拿大医药杂志》引用了法国一位“专业医生”的话，他“毫不犹豫地以最坚定的态度断言，对习惯使用铸铁火炉的人来说，它就是危险的源头”。[94]与露天壁炉里熊熊燃烧的火焰不同,“铸铁火炉没有遵循房间里进气、烟囱出气的空气自然流通规则”。此外，铸铁“加热到一定程度时，分子能够渗透进气体中……火炉周围充满了氢氧化物和碳氧化物，从而产生碳酸”。[95]使问题更加复杂的是,“排烟道有问题的炉子、没有排烟道的炉子以及灯具消耗了空气中相当多的氧气”。[96]

结论

家庭中使用的新型化石燃料的新奇性、不可预测性、易燃特性和异味，加剧了女性对家庭健康和安全的担忧和恐惧。由于缺少关于新能源的可靠信息，这些担忧就成了她们作出与能源有关的决策时的一种重要而复杂的情绪，这些决策能使女性与环境和更广泛的社会之间建立新的关系。对能源的恐惧与焦虑并未得到史学家的太多关注，能源变革的性别化特性也没有得到多少认识。过去，史学家们往往心照不宣地忽视女性对能源的恐惧，这与逐渐增多的医学和科学证据形成了鲜明对比。这些证据表明，当今时代，化石燃料显然对环境和人类健康都产生了毁灭性影响，而且继续给女性带来尤其大的负担。[97] 从海洋酸化和气候改变，到石油泄漏和每年造成 700 万人过早死亡的空气污染，化石燃料正给地球带来令人惊骇的损失。[98] 虽然现在没有人相信碳酸的危害，但事实证明，人们总是有确切的理由担心在家内外使用化石燃料造成的危险后果。这些能源带来的火灾、爆炸和空气污染，对地球以及地球上的所有生物都有致命的影响。

女性并没有通过政治运动表达她们与能源相关的恐惧和焦虑，[99] 相反地，家政运动致力于让女性接受科学技术知识，让她们能够更具理性地使用能源，而不是鼓励她们围绕恐惧组织起来，呼吁限制化石燃料的使用，也没有鼓励她们将责任推给企业和政府，让这些组织承担改善家庭安全状况的责任。

当考量现代人对能源相关的危害的反应时，本文介绍的女性对化石能源的反应——虽然担心其危害，但大多数时候仍然会妥协，仍会使用它们——似乎非常有价值。全世界的人都在围绕气候变化行动起来，探讨新一轮能源变革，即后化石能源世界变革的必要性。化石能源与人类健康尤其是孩子健康的关系也得到了越来越紧迫的关注和探讨。正如世界卫生组织总干事指出的，空气污染就是“新型香烟”。他指出，呼吸这种简单的动作，每年会杀死700万人，伤害的人则更多，但是“沾沾自喜的‘烟雾’却在全世界弥漫”。他总结称：“清洁的环境是确保身体健康的最重要的先决条件。”这种观念与19世纪时人们提出的净化空气的观念相符。[100]

史学研究记录了女性言行之间的差异，揭示了人们的态度和行为之间的模糊性和矛盾性，并试图找到有助于解释这种差异的社会和文化背景。这可能会为女性通过使用能源与环境保持密切关系的方式提供一些见解。也许，还可以帮助我们提出一些在未来的能源变革中很重要的问题，比如我们要如何评估人们对可能出现的风险的接受程度？有哪些文化、政治和经济因素引发和缓解了人们的恐惧？最重要的问题或许是，为了利用能源造成的恐惧和焦虑去倡导能源变革，女性和男性需要知道什么、相信什么？

R.W.桑德威尔

（R. W. Sandwell）

第四章

家庭供电：女性的矛盾心理和使用指南

工业革命将中产阶级女性带入了一个全新的私人领域——家庭。在英国，随着国内财富的指数级增长，那些新财富受益者们开始投资他们的房子，通常是效仿以前那些拥有乡村别墅和城镇住宅的贵族们，不过后者的权势和影响力并没有随着新的“中产”阶级的崛起而减弱。家庭成了中产阶级“家庭主妇”们的领地，她们需要管理这些越来越奢华的空间里的方方面面，打造一个安全、舒适、有品位、讲道德的家庭环境，用于欢迎丈夫下班回家、展现家庭的社会地位。[1]

这一时期的许多史学家都认为工业化进程加剧了性别不平等，尤其是对这些中产阶级妇女而言。他们认为，社会定义的性别职责将女性“局限于”家庭之中，在现实社会中，男女分属“工作”和“家庭”两个不同领域的观念越来越占主导地位。在这一章中，我想探讨的是在19世纪七八十年代家庭开始使用电和燃气的时候，作为家庭消费者的女性对能源迅速增长的需求是如何让她们积极参与到能源决策过程中的。我在后文关注的女性有新兴的室内装潢师和顾问，她们发现了商机，满足了家庭主妇们对于艺术化家庭装潢的需求。[2]重要的是，这些女性呼吁主妇们应该在家庭决策中起作用，而且女性应该获得更广泛的选举权。在本章中，我想将她们提出的关于家庭照明的开创性建议，与她们作为女性在英国维多利亚时代的父权制环境中积极发出自己的声音、争取社会地位的突破性角色联系起来。

由于人们越来越期待女性提供完美的家庭环境，履行她们作为“家中天使”的职责，她们需要向他人寻求指导，了解如何在快速发展的室内装饰和设计市场中作决策。[3]因此在这一领域，第一代中产阶级职业女性——室内装潢师——出现了，她们通过提供销售建议、售卖家居用品、撰写室内设计指南，将自己塑造成中产阶级家庭主妇们不可或缺的帮手，帮助主妇们在家庭照明方面取得最佳品位和效果。因此，女性在能源变革中的第一份职业通常是与艺术、手工、设计和装饰相关的，这一点在能源史中经常遭到忽略。在这一章里，我还试图探究艺术史对于能源史的贡献，以及女性在燃气和电力发展史中隐身的原因。我们需要深入中产阶级家庭内部，这是一个越来越女性化的世界，充满了美好和舒适，我们可以从中发现能源社会史的许多重要资料。虽然史学家们通常会忽略家庭世界，但邦尼·史密斯（Bonnie Smith）是个例外，她强调“19世纪的生活中心是家庭，而不是资本……历史的书写必须以家庭为核心，而不是资本主义、工业化或政治”。[4] 当我探讨指导家庭主妇在家中作出能源决策的女性时，我的目标不仅仅是重新定义女性在能源史中的位置，还要通过探索女性作为职业装潢师的经历以及她们帮助其他女性的经历，探索她们在这段历史中的自主权。

本章将重点关注首批成为专业装潢咨询师的女性。[5] 能源使用跟室内设计一样，传统上一直是由“一家之主”来作决策的，能源史的史学研究也是按照这种路径来进行的。本文介绍了为女性提供装潢建议的先锋女性：艾格尼斯·加勒特（Agnes Garrett）和罗达·加勒特（Rhoda Garrett），她们的代表作为《家庭装潢建议》

（*Suggestions for Home Decoration*）；玛丽·伊莱莎·霍伊斯（Mary Eliza Haweis），代表作为《装潢之艺》（*The Art of Decoration*）。[6]我首先介绍的是加勒特姐妹，她们为女性开创了很多先例：她们是最先成为建筑师助理的女性，是最先成为职业装潢师的女性，也是最先出版家庭装潢指导手册的女性。随后是霍伊斯夫人，她虽然没有特别"职业"（她经常受邀去"给朋友家提供建议"），但她也效仿加勒特姐妹，出版了一些艺术、时尚和家居方面的著作，呼吁女性应具有更广泛的权利。她还是能源史上的先锋，因为她是我所知的最早在出版物中推广在家里使用电灯的女性。

能源决策的女性先锋

1877年，艾格尼斯·加勒特和罗达·加勒特出版了《家庭装潢建议》。在书中，她们以跟"家中的女士们"直接交流的方式行文，提供家具和装饰方面的意见。[7]克莱夫·爱德华兹（Clive Edwards）指出，加勒特姐妹是英国首家全女性设计和装潢公司的创始者，她们试图用自身经验颠覆家庭中的父权制——就像罗伯特·科尔（Robert Kerr）在《绅士之家》（*The Gentleman's House*）中所展示的那样。[8]科尔向英国房主们建议，家庭规划和决策领域应该明确划分性别，该建议得到了人们的普遍认可和接受。而加勒特姐妹的作品是直接面向女性读者的，旨在引导渴望成为中产阶级家庭主妇的女性作出合适的选择。

这样的指南手册表明，家庭装潢是个人品位的公开体现。因此，女性对“装潢犯错”的恐惧打开了职业装潢师“帮助女性”的市场。加勒特姐妹认为女性更容易接受同性的指导，她们努力摆脱业余家庭装潢师的刻板标签，与其他专业人员一起合作。[9]她们写道:“装潢师可以与医生相提并论，你必须按他们的方法去执行，因为仅听建议是没用的。”[10]这体现了加勒特姐妹的雄心壮志，但也体现出一种矛盾性。这种矛盾性是指装潢师们传递出了两种不同且对立的信息：一方面，作为职业装潢师，她们在帮助客户作决策时利用了女性对能源的不安全感、恐惧和无知；另一方面，她们声称自己的建议可以赋予女性权力，通过将女性力量与能源决策相结合，帮助女人们摆脱男性的压迫。

虽然她们鼓励女客户们将家居装潢视为一种赋权活动（enfranchising activity），并将其与政治选举权联系在一起，但她们也利用了女性对指导的迫切需求，以此作为开拓客户和建立业务的一种方式。就这样，这些最初的女性装潢师一方面像推销员一样，采用了“你需要我，因为你自己不会做这种事”的推销术语，另一方面也积极鼓励女性找到自己的风格，从更广泛的角度去打破父权制传统。[11] 我并不想将这些职业装潢建议定义成为了“控制女性”或“给女性赋权”，我只想通过案例分析来提供一种新途径，来理解女性是怎样在能源变革时代彼此合作的。

加勒特姐妹给女性的建议

艾格尼斯·加勒特于1835年出生于英国一个富裕的中产阶级家庭，在那个时代，女性不能接受教育。[12] 她的两个姐妹都在为女性权益而奋斗，米莉森特是英国妇女选举权协会的领头人，伊丽莎白则是英国第一位女医生。[13] 19世纪70年代，艾格尼斯和堂姐妹罗达一起举办了多次演说，她们都是女性选举权运动的坚定支持者和呼吁者。罗达在1876年的全国社会科学促进协会上提出：

> 女性的职责领域和使命是当今最重要的问题之一。在这里，至少在家居装潢和美化方面，没有人会对她们的“工作权利”提出异议。如果女性能够理解规则并努力做好这份工作，她们不仅

能增加自己的幸福感，而且通过扩大家庭的积极影响力，她们能提高家庭艺术的地位，从而真正服务于国家。[14]

尽管无论是在当时还是在现在，在男性的观念中，家庭装潢都是琐碎的、不值一提的，但女权主义史学家们认为，在19世纪中产阶级家庭中，女性在管理家务方面展现出的能力和权力不仅可以被视为女性革命的一部分，还可以被视为女性革命的推动因素。[15] 加勒特姐妹的案例显然提供了证据——为女性赋权是她们工作的重要组成部分。加勒特姐妹刚开始从事装潢工作时，女性刚刚成为家庭中的主要购买者，因此，那些想将能源推销到家庭里的人需要直接跟女性打交道，家居生活建议指南的作者也需要这样做，包括加勒特姐妹、霍伊斯夫人、奥林史密斯夫人（代表作为《客厅：装潢和家具摆设》）和戈登夫人（代表作为《装饰用电》）等。[16] 作为女性装潢师，加勒特姐妹和霍伊斯夫人在一个传统上被视为“男性专属”的世界里找到了自己的路。[17] 这一时期正好是英国家庭用电的早期阶段，而这也是我的重点。我关注的女人们不仅在争取女性职业角色方面是开拓者，而且就像霍伊斯夫人，她们也是家庭电气化的历史开拓者。

尽管中产阶级女性在家庭中承担了多种职责和义务，但由于没有报酬，她们的劳动往往不被认可。直到19世纪80年代，关于中产阶级女性是否应该获得有偿工作的问题才开始被探讨。1888年，格拉斯哥国际展览中一篇关于女性艺术和行业的文章评论道："当今最紧迫的问题之一，是如何充分发挥广大没有工作的女性的精力和才能。"[18] 罗达·加勒特曾经很想成为一名建筑师，却找不到愿意带女徒弟的建筑团队。[19] 一直以来，建筑行业招的学徒仅限男性，这也成为加勒特姐妹在推动女性职业革命过程中的关注重点。同样地，格拉斯哥国际展览女性艺术和行业展区旨在"拓展人们对女性能做什么的认识……世界商业竞争日趋激烈，只有为竞争作好了准备的男男女女才有希望站稳脚跟"。[20] 因此，将艺术、设计和装潢视作适合中产阶级女性参与的行业，成为更广泛的争取选举权运动的一部分，也被认为对英国整体经济有利。

随着女性作为家庭消费者的力量的增加，人们开始重新评估女性的权利和权力，这也成为已婚妇女赋权运动的一部分，最终促进了1870年和1882年的《已婚妇女财产法》的颁布和施行。19世纪60年代之前，家庭装潢决策主要是男性作出的。[21] 事实上，家里的一切决策一般都以男性为主导。但正如加勒特姐妹的经历，到19世纪70年代，女性开始在这一领域发力，为她们的女性目标客户提供建议。孟秋尔·康威（Moncure Conway）曾指出："梅塞尔斯-莫里斯公司从事的装潢工作开始引起公众关注，似乎为女性提供了合适的工作机会。"[22]尽管如此，这条路并不容易走。康威继续评论了加勒特姐妹为了成为职业女性必须经历的"斗争"，认为她们利用斗争来宣传女权言论、支持女权行动。[23]1875年，艾格尼斯·加勒特和罗达·加勒特建立了"A&R加勒特"家庭装潢公司，地址位于伦敦城布鲁姆斯伯里高尔街2号，就在她们家里。1882年，在罗达过世后不久，康威评价该公司"是一家独立企业，业务很广"，"她们给许多家庭成功进行了装潢，赢得了名声"。[24]从业之初，她们就自称为"建筑装潢师"（architectural decorator），这个称谓比"家居装潢师"（house decorator）更加专业、更具男性气质，她们用这个称谓称呼自己，有效解决了被排除在"建筑师"（architect）职业序列之外的麻烦。[25]

加勒特姐妹出版的指南"主要聚焦于家居摆设和装潢"，旨在为"那些想要让家庭成为更舒适、更安心的居所"的人提供"实用建议"。[26]《家庭装潢建议》是"家居艺术"系列书籍的第二册，该系列全部由"女专家"执笔，她们被定位为"中产阶级的专业顾问"。[27]

其中最成功的是1879年的一册，当时一共发行了6版，卖出了7500本。[28]它被视为“一套简单的、不花太多钱就能让家居环境更美、更健康的方法”。[29]整套书都是面向“中低收入”阶层策划的，[30]加勒特姐妹的书专门面向中产阶级家庭，[31]但实际上，她们的许多客户都属于更富裕的阶层。[32]这些客户都是愿意使用新兴燃气和电力技术为家庭提供光和热的消费者，他们的财富给了他们选择的自由，因此他们需要在加勒特姐妹这样的职业装潢师的指导下采用某种能源、买入某种燃气或电力设备。

19世纪末，装潢师作为一种新职业开始兴起，还出现了解释其目的和宗旨的文献资料。[33]在《家庭装潢建议》中，加勒特姐妹试图阐述清楚“被误解的装潢师”的概念：

> 直到现代，家居装潢师还只是指那些机械地贴壁纸、给木头上漆的人。装潢师要履行配药师对医生的职责，忠实地按指示行事、诚实地执行命令……但实际上，装潢师能做得更多，他能够设计并安排住所内的所有装潢装饰。[34]

虽然在书中用了“他”，但加勒特姐妹在给予女性指导方面仍然走在了时代前列。例如，家居装潢顾问潘顿夫人在19年后提出批评，“那些为了过好自己的生活、滋养自己的灵魂的女士”在追求理想职业时，是以失去妻子身份、逃避照顾家庭的责任为代价的。[35] 史学家们普遍认为，与那个时代的一些女性所倡导的更具争议性的激进女权主义观念相比，这种“母性女权主义”（maternal feminism）* 观念的影响简直微不足道。一些史学家认为，女性在中产阶级家庭中展现出的所谓的消费能力，将她们与家庭生活更紧密地联系了起来，反而加剧了她们遭受的性别压迫。[36] 然而，正如林恩·沃克（Lynne Walker）指出的，从中产阶级女性自身的角度而言，作为消费者和新兴职业女性，她们越来越多地参与到设计行业中，这无疑在女性经济和政治独立道路上迈出了务实的步伐（虽然仅是暂时的、非革命性的），最终会取得成果。[37] 沃克令人信服地指出，艺术和手工艺运动在某种程度上为女性选举权运动奠定了基础，而这要归功于仿照行会制度（guild system）构建的组织机构，如艺术和手工艺展览协会。1885年，该协会在布里斯托尔举办展览，其中一间展厅里的“家具和装饰均由A&R

* 该观念强调女性在家庭和社会中作为母亲的角色，认为母亲在家中的劳动应当得到社会认可和尊重。

加勒特家庭装潢公司制造”。[38] 加勒特姐妹也于 1888 年参加了展览，当时她们设计了一个室内空间，用各种金属制品进行装潢。

这类展览体现了家庭装潢方面的新观念和新设计风格。以前的设计风格因对产品和制造过程过度掩饰而被批为“不诚实的”。而展览中那些展示工艺、材质和功能的物品，被认为是符合基督教价值观的，能在家庭生活中形成良好的道德影响力。加勒特姐妹清楚地阐述了她们的设计灵感：“即便是最狂热的‘安妮女王建筑风格’爱好者也不会否认，我们都需要感激皮金和其他复兴哥特风格的建筑师们，我们需要感谢他们的细致工作。”[39] 优秀、诚实的设计要符合英国本土文化和价值观，因此，那些在建造和装饰房屋时作决策的消费者的压力也增加了。

道德观、美和效率

在《家庭装潢建议》第一章里，加勒特姐妹描绘了“现在的房子”：房子里充满了机器制造的物品，这些物品被装饰着，以掩盖它们的形态、材质和功能；接下来描绘了“将来的家”，可以在其中看到她们关于照明的艺术理念：“布置房子时，最重要的是要尽可能避免让房间变暗。”加勒特姐妹给出的建议包括使用“能够反射光而不是吸收光”的涂料，以及能够充分反射“伦敦人必需但缺乏的日光”的金属板，而不是有色玻璃。[40]在她们给出的关于家庭照明的指南中，我们可以了解加勒特姐妹的工艺美术原则，她们主张材料的真实性和设计的诚实性，而不是掩饰物品的功能和用途。

在探讨理想的餐厅时，她们写到煤气“枝形吊灯”：

> 现在，人们可以买到许多设计精良的煤气和蜡烛吊灯。这些灯具是用抛光黄铜制成的，外形符合金属本来的面貌，因此没必要按照多数人家餐厅里的古铜色餐桌的样子，将煤气吊灯也染成古铜色。古铜自然也反光，但跟家里用金属或木头制作的，或者伟大的绘画和雕塑作品中的精美灯具发出的光不一样。现在的工人最大的问题在于，他们会将家居用品制作成教堂用具的模样。购买者必须时刻保持警惕，谨慎选择家里的装潢用具，不然，家里的餐桌上可能会摆上教堂的灯具，你还得用教堂的工具来清理家中的煤灰。如果家庭中出现哥特式十字架、城垛和尖顶造型物品，肯定会很突兀，会破坏房屋整体设计美感，适合教堂的装饰物肯定是非常不适合家装的。[41]

HALL TABLE AND CHAIR. *To face p. 40.*

《客厅桌椅》，选自《家庭装潢建议》

加勒特姐妹认为，教堂的照明设计与教堂的历史有关，需要起到保护教堂、控制风险的目的，“有艺术价值的设计完全是为了宗教目的，而家用金属制品的样式大多是由男性设计的，他们可能从来没有去研究过在这个国家的古老城镇中，那些使用古代技艺的美丽金属物品”。英国古建筑保护协会是威廉·莫里斯（William Morris）、菲利普·韦伯（Philip Webb）和罗达·加勒特创建的组织，协会的主要目标之一就是保护英国的古代建筑设计。由于没有接触过多少经典家用金属制品，“制造商对家用物品的适用性知之甚少，因而他们就会借用教堂的哥特式风格”。[42]

在加勒特姐妹看来，美丽的灯光必须彰显其结构和功能的重要性，以及工匠的技艺。在关于客厅的章节中，她们延续了之前对餐厅枝形吊灯的看法，认为“在制造煤气灯架和蜡烛支架、门上挂饰等物件时，没有比抛光黄铜更好的材料了”，并强调其形式简约、质量精良等优点。[43] 她们的设计重点在于“一条值得铭记的古老规则，即采用自然样式的装饰品，装饰风格应与自然相一致，艺术塑造应以自然为原型”，这体现了她们在照明美学方面的诚实、真实和道德标准。[44] 加勒特姐妹旨在帮助不安的家庭主妇在家中使用煤气，她们将这种新能源与传统的审美结合起来，试图设计一盏与经典的烛光吊灯相似的枝形吊灯。[45]

1877年《家庭装潢建议》发行时，煤气是大众普遍使用的能源，因此我们在此书插图中发现这种能源就一点也不奇怪了。[46]到了19世纪90年代，人们仍在使用煤气，这一点得到了《女性便士报》1888年刊登的报道的证明："书桌位于壁炉旁边的角落里，桌旁有一个煤气灯支架，上面有两个白色的球体灯罩，但房间的其他地方似乎都是用蜡烛照明的。"[47]这种对煤气灯的偏爱，可能是受到了艾格尼斯之父、罗达的伯父纽森·加勒特在1856年创办的奥尔德堡煤气灯公司的宣传影响。[48]1892年，艾格尼斯赢得了给伊丽莎白·加勒特·安德森的妇女医院进行装潢的竞标，医院的每张病床边都需要安有一盏煤气灯。装潢之前，医院就照明的方式进行了探讨，安装煤气灯和电灯的费用虽然差不多，但是电费更贵。据记载，"安德森夫人私下想要求助米德兰铁路公司，看看他们是否能给医院供电"。她可能还跟施坦登公司的詹姆斯·比尔联系过，想获得圣潘克拉斯供电站的电力，但并未奏效。虽然医院接入了电线，但最终，照明还是用的煤气灯。因为用了煤气，医院必须在每个夏季清洁并粉刷病房。这项业务被艾格尼斯拿下，1896年，她开始对医院病房进行清洁和重新粉刷，颇具讽刺意味的是，艾格尼斯·加勒特之后的工作都受益于"肮

《餐厅壁炉架》，选自《家庭装潢建议》

脏”煤气的使用。[49]

我们之所以能通过《家庭装潢建议》的插图弄明白加勒特姐妹是如何将照明理念实际落地的，是因为这些插图源自现实生活，即加勒特姐妹在高尔街 2 号自己的家。[50] 我们可以从插图中看到“旧式书桌”、圆圆的煤气灯罩，还有《女性便士报》中描述的小地毯，以及加勒特姐妹设计的家居摆设。加勒特姐妹于 1879 年 3 月在莫维尔街 4 号开设了一个展厅，展示了一个完整的房间布置。受到南肯辛顿博物馆展览的影响，19 世纪 70 年代时，这类室内陈设展览成为常规项目。加勒特姐妹在展示家具、墙纸和纺织品的设计创意时，顺带着展示了她们的照明设计：“上周连续 4 天的下午，许多游客都应邀来参观这个真正的客厅。墙上挂着黄铜灯台，大部分物件都是加勒特小姐设计的，所有物件都是由一位真正的艺术工匠用黄铜和铜精心锻造的。”除了书中插图,《女性便士报》的报道是我们仅有的一些参考，因为实物几乎都失传了。[51] 上文提及的“真正的艺术工匠”，目前确定是阿尔弗雷德·谢利（Alfred Shirley）。他曾与艾格尼斯一起设计了一款铜质烛台，在《工艺艺术展览目录》中获得好评，随后他制作了烛台实物。[52] 照明器具的审美很重要，因为它能让女性将新的能源带进家中。因此，从设计史的角度看能源史是非常必要的。

《客厅的壁炉》，选自《家庭装潢建议》

家庭主妇遇到的道德挑战

霍伊斯夫人也在建议指南中体现了她自己的艺术审美观念。加勒特姐妹在 19 世纪 70 年代的作品只提到了煤气、煤油和烛光，而霍伊斯夫人在《装潢之艺》第八章里介绍了“照明和通风”，她是我所知的最早向读者介绍电力照明的英国女性。[53] 她的作品发行于 1881 年，这是电气化刚起步的时代，是在威廉·阿姆斯特朗第一次用约瑟夫·斯万的电灯点亮克拉格塞德山庄的一年之后。因此，霍伊斯夫人用如下陈述开启关于照明的章节并不奇怪：“在快捷方便的电灯问世之前，人们只有两种照明方式——煤气灯和蜡烛。”[54]

《装潢之艺》是《家庭装潢建议》问世 4 年之后发行的，前者既介绍了艺术和设计的历史，也为操心家中装潢的主妇提供了建议。但与加勒特姐妹不同，霍伊斯夫人将她的工作视作学术研究，而非职业工作。她认为自己是一位作家，而不是装潢师。她的作品的前两部分主要介绍了她对欧洲艺术史的理解和看法，以此作为介绍现代化家居装潢的先导内容。她通过指出女性在家庭装潢方面可能犯的各种错误来推销自己的指南，并呼吁女性摆脱负责装潢的男性的压迫。这体现出她对女性更广泛的政治权益的兴趣。

我们可以将这一点与加勒特姐妹的抱负和志向，以及本文所说的“矛盾”紧密结合起来。在全书开头，她告诉各位优雅的女士：“现在大多数人都认识到了美在改善生活方面的重要性。”[55]霍伊斯夫人认为，家装设计不仅有美学作用和功能性，还能提供精神关怀。这种观念符合奥古斯塔·皮金（Augustus Pugin）、约翰·罗斯金（John Ruskin）和威廉·莫里斯的主张，他们都认为艺术和设计可能会改变人们的社会态度。在那个时代，人们普遍认为社会在工业革命之后就已经支离破碎了。霍伊斯夫人声称，“人们对艺术的需求是贪婪的”，同时提醒读者，“空间是很容易被填满的，就跟掏空钱包一样容易。现在，每个商铺里都摆满了各种实用的工具、书、图画等物件，人们缺少的只是冷静的筛选能力”。[56]在这个消费商品的世界里，这样的建议很重要，有助于人们避免马克思所说的社交“过失”（*faux-pas*）。当我们面对新能源普及过程中的挑战，以及能源使用给女性的健康带来的灾难性后果时，女性作为装潢师和顾问的职责便成为避免“过失”的关键。[57]

1904 年，《艺术杂志》上一篇题为《电灯与金属制品》的文章呼吁灯盏的设计既要符合道德要求，又要体现美学风格：“传统设计风格的明显特征，在于将实用性和美感巧妙地融合在一起（如电灯），而处于堕落、不安的时代中的我们，除了一小部分人，都不再关注实用性和美感的结合了。”[58]文章引用了罗斯金的主张：“我们应该注重装饰家，而不是制造装饰品。”[59]这也是霍伊斯夫人对优秀设计的看法。注重工艺和功能的物品，被视为符合基督教价值观，而家庭生活应该体现这些价值观。[60]有人认为，我们使用任何材料时都不应违背其特性，符合美的标准的家具必然会产生良好的道德影响。例如，罗伯特·艾迪斯就在他1883年的《我们的家以及家的健康之道》中提醒人们“不诚实设计”的危害：“如果你对自己家的家居装饰材料不符合材质本性的现状感到满足，那你也不会介意以其他方式出现的小欺骗。”[61]

美与不规则的对抗

霍伊斯夫人在书的开篇就抨击了违背材质本性或不符合基督教价值观的家具设计理念。[62]她跟加勒特姐妹的风格一致，要求人们丢掉“所有不符合价值观的‘浇铸浮雕造型’……这些东西拙劣地模仿了经典，没有任何意义，上流社会的任何女性都不想将这些东西带进家里。”[63]在评价过去的设计师和制造师时，她写道：“他们靠手劳作，而我们靠机器，前者的劳作体现了人的思想，而后者的劳作一点也不费心思，这两者的差别一目了然。”[64]在《艺术是为人服务的》一章中，霍伊斯夫人证明了消费者的能力：“改变必须从公众开始。家具商不能独立于顾客而存在，他必须满足用户需求。要教育公众，让他们分辨优劣，包括物件的色泽、形态或结构。要训练制造工人，这样工人才有能力去满足市场需求。”[65]

19世纪80年代，商城兴起了，消费者有了选择的条件，但随之而来的显然还有选错的问题。女性要创造符合自己价值观念和品位的家是很不容易的，因此，虽然她们在购买产品方面有了多种选择，但她们仍然需要指导。霍伊斯夫人呼吁女性行使自己的权利：“装潢师的责任不是剥夺你对家庭的管理权，他只是按照他的观念和方式，辅助你控制你的家。他的职责是帮你处理你无法处理的部分，他可以给你指导，但无法控制你。”[66]而讽刺的是，这整本书都在强调女性作为家庭主妇应该在家里做什么。女性被鼓励要“解放”自己，但正如我们所见，她们作为消费者和职业装潢师的两个角色，在女性自主性上引发了诸多矛盾。

关于家庭照明的女性指南

霍伊斯夫人的书中关于照明和通风的章节很有意

思，在家庭电气化的早期阶段，这本书就指出了电力最终会成为家庭照明的最佳能源。[67]尽管霍伊斯夫人在开篇就提出了这种开创性观念，但她主要探讨的仍然是煤气，跟其他女性评论家一样，她指出煤气这种能源有严重的问题，虽然它是“最廉价、最不麻烦的，但却是最具毁灭性、最不健康、最不得体的”。[68]跟那个时代的许多装潢师和照明设备供应商一样，霍伊斯夫人也评估了最古老的和最新颖的照明方式，认为“如果能不产生异味，那么灯是最好的选择，如果在使用过程中不变弯，那么蜡烛就是最好的”。[69]

整本书中她都在宣扬自然的观念：“主光应尽可能集中于一个点上，这样最接近自然光的效果，因为太阳永远不会同时出现在两三个地方，而且光是直射的。”[70]她指出，不同灯光下人物的外貌完全不同，她再一次向女性宣传自己的观点：“我们应该知道，自然光照下的面部是最好看的，当舞台前灯从下往上闪耀时，我们就欣赏不到这种美。”[71]探讨了合适的光照之后，霍伊斯夫人继续思考“灯的类型”。在这一点上，她与《艺术杂志》的态度一致：“我要提醒读者，烛台、灯盏或其他器皿，应该都是美观的、可持续使用的物品。”[72]

结论

1900年，高效的照明设备在英国仍然是奢侈品，霍伊斯夫人在1881年就提倡人们使用电灯是相当前卫的。[73]她指出："当电灯普及时，在不点明火的情况下如何照亮房间的问题就会得到解决。我去剑桥菲茨威廉博物馆的画廊参观时，看到里面有一盏彩球灯，照亮了整个展厅。"[74]她认为，尤其是对女性来说，新的照明方式会改变家的面貌，也会改变大部分时间都在家中度过的女性的外貌。因此，女性需要关注的并不是电力使用的技术性变革，而是电给家庭带来的改变。在燃气和电力公司的市场竞争中，女性在说服消费者在家中作出能源决策方面可以起到关键性作用。在霍伊斯夫人的作品出版的那一年，英国下议院用的是白炽灯，[75]第一次大型电力展览在法国巴黎举行，[76]伦敦的克朗普顿电力公司在萨伏伊剧院安装了1000盏天鹅灯用于照明。[77]但当时没有公共电力供应系统，必须由安装在特定位置的昂贵发电机供电，所以即使这些创新吸引了公众关注，但电力并没有如新兴的电力企业期盼的那样迅速进入家庭中。

在纪念英国女性获得选举权100周年之际，回顾加勒特姐妹和霍伊斯夫人在家庭照明和装潢方面的女性先驱身份，似乎是恰当的。但我们也要明确，这些先锋女性在为家庭主妇们担当顾问的过程中也体现了一种矛盾性。许多学者从社会学和史学角度研究科技产品时，都提到了“中介”（mediation）这一重要概念。[78] 雷切尔·普罗特尼克在《交接点：电按钮案例》中探索了电子中介——按钮的作用。按钮用于开、关电灯，它于19世纪80年代被发明，20世纪20年代得到普及。[79] 也许，我们可以站在这种中介的视角去理解加勒特姐妹和霍伊斯夫人的角色，她们致力于推动科技融入女性的生活。当“中介”（调解、调和）这个词应用在人力资源实践中，意味着一种对他人的支持和关怀。这个角度有助于我们理解那个时代的女性装潢师身上的矛盾性——她们的指导是一种关怀，而非冷酷的推销。因此，我们可以认为第一批女性家庭顾问具有如下品质：她们积极提供支持、主动参与政治，并且具备创新意识。

阿比盖尔·哈里森·摩尔

（Abigail Harrison Moore）

第五章

改变的角色与性别环境：英国能源工程中的女性

女性电气协会为女性公众的教育作出了贡献，弥合了电力技术与家庭环境之间的鸿沟。[1]

——玛格丽特·莫伊尔，卡洛琳·哈斯利特

两次世界大战期间，电力技术与家庭环境之间有什么“鸿沟”？英国的女性电气协会为什么要求女性公众阅读其《女性用电手册》来弥合这一鸿沟？这一手册是1934年为庆祝女性电气协会成立10周年而发行的，其对能源生产和消费方面的专业知识及责任进行了性别化描述。这本手册的封面清楚地体现了“女性公众”与工业技术和家庭消费之间的复杂关系，它由时尚装饰艺术插画家埃塞尔·帕雷斯提供创意，画的是一双具有艺术风格的手指纤长的“女性之手”托住发电机的电枢。[2]虽然这幅插图在一定程度上暗示了女性之手进行“照料”的传统，但也暗示了一种性别活力。很明显，正是女性使用家用电器进行劳动，才使得发电机运转、产生了供应电流。电力供应行业的成功需要“女性公众”对

女性电气协会《女性用电手册》封面

家庭用电的明确需求。[3]

事实上，从很多方面而言，发电机的运转是需要女性参与的。这也就是说，女性不仅仅是能源史中传统意义上的被动接受者。正如我在后文里将要介绍的，像玛格丽特·帕特里奇（Margaret Partridge）这样的一小部分女性，她们参与了电力技术系统的设计、建造以及电力供应系统的管理，还有成百上千位从事指导、推广和示范用电的女性电气协会工作人员，她们的目标是最大程度地提升数百万房主对于家庭电力消费的认知，因为房主有决定使用电力还是燃气来取暖和照明的权力。从许多方面而言，女性电气协会的成员和家庭主妇们可谓是最重要的角色——如果家庭主妇无法被说服放弃以前的能源（煤炭、木材、煤气和石蜡）而使用电力，那么就没有发电机的使用需求。[4]在我看来，当时的问题在于英国女性公众对电力的优点持怀疑态度，而只有一种由女性组成的组织——女性电气协会——可以主导女性对电力态度的变化，以及她们切实的能源消费。

《女性用电手册》发行了许多版本，编者是卡洛琳·哈斯利特（Caroline Haslett）。手册旨在帮助女性电气协会的会员，无论是指导、示范用电的从业者还是每一位对此有兴趣的女性，无论是职业的还是有学术研究需求的、公共岗位或公益岗位上的女性，都能“正确使用和控制”电力。只要给这些读者提供必要的电力生产、传输、控制、使用的技术知识，她们就能学到正确的方法。[5]与以前的家庭能源使用者不同，哈斯利特设想的理想女性电力消费者是用电熟练、细致的，并且能获得女性电气协会的正式认证。手册中列举的诸多男性和女性用电者充分体现了平衡家庭用电需求与电力供应的性别角色所发挥的作用，这无疑对认为电力行业仅凭经济原因就能取得成功的观点形成了挑战。[6]

手册的前两版前言诞生于第一次世界大战期间，由工程师、锅炉制造商哈斯利特，以及自称“因与工程师结婚而成为工程师”的玛格丽特·莫伊尔合著而成。她们两人都是 1919 年成立的英国女性工程协会这个大组织中的会员。[7]该协会成立 5 年后，其下属组织——女性电气协会也成立了。女性电气协会培养了大量“电力工程”专业的女性讲师和培训师，[8]为电力行业获得商业成功发挥了作用。我要强调的是，女性电气协会提供的这些职业岗位是由哈斯利特等人创造的，这有效地解决了在 20 世纪 20 年代中期充满挑战的经济条件下，女性在工程领域就业方面遇到的巨大困难，并帮助了在“一战”期间曾受雇担任电力工程师职位的女性。在手册第二版前言中，我们可以看出“女性公众”对于电力行业的成功有多重要。英国电力委员会主席约翰·斯内尔爵士赞扬了哈斯利特和莫伊尔为帮助女性减少家务劳动作出的努力，同时承认他自己的电力知识也依赖于他妻子在用电方面的专业性，他们一起促成了家庭用电变革。[9]

这位男性工程师对妻子的依赖是一种传统，可以追溯到半个世纪前，这是一种在传统工程史中未得到承认的婚姻模式。在下一小节里，我将介绍爱丽丝·戈登夫人和卡瑟琳·帕森斯夫人的工作，看她们如何拓展了我们对女性在电力供应中的作用的理解，并探讨女性工程协会成立之初的会员大都是男性工程师配偶的现象。在下文里，我探索了第一次世界大战如何为哈斯利特这样的女性创造非家庭化的条件，让她们进入（能源）工程领域。最后，我探索了在女性工程协会中，像哈斯利特这样的女性如何创建了女性电气协会并参与其活动，促进了《女性用电手册》的诞生。

我的观点跟卡罗尔·珀塞尔（Carroll Pursell）不同。珀塞尔认为，女性电气协会的创建主要是为了帮助家庭主妇克服对电的无知。我觉得这种说法有失偏颇，它忽略了主妇们对电力优点的怀疑，包括信任、谨慎、经济性等更广泛的问题，而不仅仅是不熟悉。[10] 相反地，我的观点建立在叙泽特·沃登（Suzette Worden）对女性自主权力的分析，以及女性工程协会和女性电气协会截然不同的女权主义议程之上：女性工程协会为女性进入工程领域提供了机会，而女性电气协会为女性摆脱家务劳动提供了选择。[11] 这两个协会通过提供机会和选择，帮助女性在家庭生活和工程领域之间找到了平衡。

能源工程从业者的配偶

上一代的能源史学家，通常将使用新的家用电力技术的 20 世纪女性视为被动消费者，她们可以说是冰冷的父权制的受害者，不能按自己的喜好去使用和塑造新技术。鲁斯·施瓦茨·柯万在经典著作《为母亲提供更多工作》中对美国家庭如何开发新的实用设备进行了研究，她研究了在所有可能更省力的家务劳动方式中，如何选择这些方式才能最大程度减轻家庭主妇的负担。书中揭示了这样一种现象——女性仍然被束缚在由机器完成的家务劳动中，虽然机器可以减少她们的苦力劳动，但不会减少她们的劳动总量。施瓦茨·柯万认为，20 世纪 20 年代没有仆人帮助的中产阶级女性实际上已经被“无产阶级化”，成为家庭中机器设备的管理员。这一现象跟电力行业的广告宣传不符，有广告曾宣称：“电力将让人们摆脱劳役之苦，获得自由。”[12] 托马斯·休斯在近期的著作《电力能源系统》中支持施瓦茨·柯万关于女性没有能力影响新能源行业的观念，这并不令人意外。作为前工程师，休斯认为，该行业完全是由男性工程师根据严格的体系规则来管理的，而不会考虑任何主妇的专业知识、需求或兴趣。[13] 因此，我们继承了一种“公认的观点”，这种观点对积极参与管理电力和能源分配的少数女性只字不提。

在工业史和农业史中，女性在家庭环境中的劳动都有大量记载，[14] 但几乎没有关于她们以配偶身份从事工程领域劳动的记录。[15] 有很多资料记录了从 19 世纪末开始，欧洲和美国的女性努力成为工程行业人士，独立于家庭的支持网络。[16] 事实上，在现代公司体系形成之前的时代，男性商人们经常让其配偶作为实际的合作者参与他们的商业事务。正如我在《电力家庭化》中指出的，“电力工程妻子”在支持家族企业生存和繁荣方面发挥了重要作用，她们给其他家庭主妇们提供电力使用建议，让她们使用电力达到自己的目的。为了深化这种探讨，我接下来将分析两位工程从业者的配偶——爱丽丝·戈登夫人和卡瑟琳·帕森斯夫人——是怎样通过使用、管理机器并进行相关工作，积极参与到能源供应事业中来的。

1891 年，爱丽丝·戈登夫人跟她从事电力工程行业的丈夫詹姆斯·爱德华·亨利·戈登合作，出版了一本畅销书《装饰用电》。[17]这本书最后一章是爱丽丝所著，题为《个人经历介绍》。这是对一个被迫成为“因嫁给工程师而成为工程师”的女性所面临的前所未有的挑战进行的坦诚介绍，爱丽丝表示，她完全承担了詹姆斯·戈登这位专业工程师所承担的重负压力和高风险工作。在丈夫测试新的发电器械并进行安装的日常工作中，她绝不仅是被动的“合作”，而是既持续提供着实际支持，帮助丈夫进行管理和翻译，又不断为丈夫提供着情感支持。她经历了诸如技术实验失败、与不靠谱工人打交道、处理律师费问题等各种令人痛苦的事。在这一部罕见的以亲密伴侣视角来探讨工程行业的作品中，她强调了自己的努力实际上“与该领域的许多人一样”——暗指她认识的其他承担同样职责的工程师配偶。[18]

> 在伦敦漫长的冬夜和大雾弥漫的时候，人们坐在稳定且明亮的电灯下看书，如果电灯闪烁或熄灭，他们会非常愤怒。他们没有意识到，对那些一直辛勤工作、不断探索大自然奥秘的电灯先驱者来说，斗争有多么激烈：“拧紧铁丝，洒落金光。”也许，只有电力工程师的妻子才能真正领会这种斗争有多么残酷。[19]

她写道，她在 19 世纪 80 年代和詹姆斯合作的那段时间内所体验到的“所有希望、恐惧和失望，要用一整本厚厚的书才能讲完”。[20] 不过，正如她所说，一旦这样的机器能够自如发电，就可以永久运转。1885 年至 1886 年，戈登夫妇成功为伦敦帕丁顿火车站提供了照明。关于那一次安装的介绍，她写得很全面：

> 共安装了近2000马力的发动机和锅炉，并为此设计和建造了3台发电机，每台重44吨。两条电路之间埋了11英里长的铁槽，其中铺设了约500英里长的绝缘电线。[21]

尽管有男性“专家”对这些设备的可行性持严重怀疑态度，但自 1886 年 4 月 21 日下午 6 点开始到她撰写《装饰用电》为止，这些设备一直在帕丁顿火车站运行。这就是她的职业。詹姆斯在国外从事咨询方面的工作，爱丽丝承担起了监管供应系统运作的责任，通过电报告知丈夫系统的情况。她说，那 3 个月是“我个人最艰难的时光”，她要定期去帕丁顿站察看，以帮助减轻詹姆斯对机器及其造成的噪声干扰诉讼的“强烈的焦虑感”。詹姆斯不在的时候，无情的评论者将帕丁顿站的设备描述为“由 7 座随时可能爆发的火山组成”，以此来吓唬爱丽丝。[22] 然而，帕丁顿站的设备一直运行良好，未曾爆炸，戈登团队在伦敦其他地方也建设了一些比较让人放心的电站，用他们的专业知识满足了用电者的需求。

然而，在爱丽丝写作《装饰用电》的背后，却是伦敦家庭电力需求缺乏的现实。[23] 爱丽丝在开发美观的电灯照明方面的专业知识显然是至关重要的，这样才能吸引顾客，当时许多女性都认为电灯比煤气、蜡烛和石蜡光源更刺眼、更昂贵、更不可靠和更丑陋。[24] 但戈登夫妇在开发家庭用电方面的努力并未取得成功，反而导致了财务危机。1893 年，戈登意外过世之后，爱丽丝被迫退出了电力工程事业，成为一位独立作家，此后再未参与过能源供应工作。[25]

另一个更成功的主人公是卡瑟琳・帕森斯夫人。19 世纪 90 年代时，她与丈夫查尔斯・帕森斯一起研发了蒸汽轮机。到两次世界大战期间，这种机器成为传统冷凝式蒸汽机的高效替代品。卡瑟琳・贝瑟尔于 1859 年出生于英国东约克郡，1882 年至 1883 年，盎格鲁 - 爱尔兰贵族查尔斯・帕森斯在利兹担任工程师期间，两人相遇了，很快，她就成为“因嫁给工程师而成为工程师”的女人。隆冬时节，瑟瑟发抖的卡瑟琳与丈夫和机修工在早上 7 点去朗德海湖上检查一枚自航式鱼雷的情况，这表明了她对丈夫实验工作的支持。在搬家到泰恩赛德（位于英格兰东北部）后，他们的婚姻关系和创造性的工程工作进一步交融在一起——他们于1884年研发出了蒸汽轮机。当不忙于参加争取妇女选举权的运动时，卡瑟琳就经常去帕森斯家族位于盖茨黑德的工厂帮忙。她负责行政管理，调配工人工作——这是查尔斯所不擅长的。此外，查尔斯还在他们家里开设了车间，蒸汽轮机的许多改良工作就是在家庭车间里完成的。这可能是为了避开那些不值得信任的工厂员工，也可能是方便查尔斯在工作到深夜时随时使唤妻子。[26]

蒸汽轮机的早期研发在技术创新可靠性方面面临巨大的挑战。尽管帕森斯夫人被描述为是一位“拥有非凡品质的人”，在其他任何事情上都“几乎完全独立”，但一家工程期刊的讣告指出，当涉及创新性工程工作时：

> 她总是在（查尔斯的）旁边，总是在他需要她的时候去帮忙，总是用她敏锐且机智的头脑和完美的理解能力来支持他，但这种支持总是在背后悄悄地进行的……那些与查尔斯先生共事的人都因卡瑟琳忠贞不渝地支持他而被深深打动。[27]

查尔斯·帕森斯的讣告作者直接采用了帕森斯夫人

和他们的女儿瑞秋提供的信息进行写作，记录了帕森斯夫人和他们的孩子（瑞秋生于1885年，乔治生于1886年）登上首次装配有蒸汽轮机的船的经历——约1894年，由蒸汽轮机驱动的透平尼亚号起航，船加速到最高时速28海里时，他们一家被船头打来的浪卷进了水里。[28] 在接下来的几十年里，随着超高效的蒸汽轮机逐渐在船上和发电站中得到应用，卡瑟琳·帕森斯跟她的丈夫共享了成功之名，她本人也获得了作为“独立工程师”的权威地位。尤其是在第一次世界大战期间，她在英国东北部管理着许多军火工厂。1918年，她获得了东北海岸工程师和造船师协会荣誉会员的名誉。[29]

以工程师身份获得的权威地位为她提供了一个平台，促进了后来更多女性在“一战”期间从事工程工作，她的经历也证明了女性可以长期从事这一职业。在1919年的一次公开演说中，帕森斯夫人坚称，即使和平时期男性工程师从战场上下来重返岗位，女性工程师也应该继续从事各种工程事业。事实上，她跟女儿瑞秋（瑞秋曾在剑桥大学学习机械工程）等人一起合作，于1919年创建了女性工程协会，并于第二年建立了亚特兰大公司，这家公司仅聘用女性工程师制造燃油器等产品。[30]

帕森斯夫人大力支持丈夫创办蒸汽轮机公司，她丈夫也支持她创办女性工程协会。东北海岸工程师和造船师协会的讣告作者（女性）于1933年称，帕森斯夫人“热爱商业机构管理事业”。这位作者还认为，这一点“反复被那些忠诚为她服务的人所证明——包括最卑微的仆人”。[31] 然而，1919年2月，帕森斯夫人邀请精力充沛的卡洛琳·哈斯利特担任女性工程协会的秘书时，情况并没有按她预想的发展：6年后，哈斯利特就带领多位女性支持者，加入了没有完全发展起来的女性电气协会。[32] 接下来我要探讨的便是这个话题。

卡洛琳·哈斯利特：女性电气协会的热衷支持者

1913年参与女性选举权运动之后，卡洛琳·哈斯利特于1914年第一次世界大战爆发时退出了运动，开始了文秘工作生涯。1914年至1918年，她入职科克伦锅炉公司担任初级职员，为公司生产的锅炉定价格和规格，她也是该公司聘用的唯一一位女性职员。她做得非常成功，1918年，她成为该公司伦敦办公室的高管，负责为英国战争部提供锅炉。尽管在战争期间，男性工程师大都已被女性工程师所取代，但后来回忆起自己曾经自信地去见一位战争部官员的场景时，她仍然苦笑不已——她私下去拜访那位官员，官员却对她说：“如果女人都能谈论锅炉，那我们还谈什么？”很快，她就搬到了苏格兰，在位于艾伦地区的公司工作，学习锅炉制造的技术细节。她回忆称：“开始工作时，我就知道这是我的世界。”后来，卡洛琳设计并制造了锅炉，甚至直接以“C. 哈斯利特”这个中性化品牌名售卖锅炉。虽然工程领域（以及其他行业）的许多女性都在“一战”结束后失去了工作，但科克伦公司非常看重卡洛琳，战争结束后仍然继续聘用她。[33]

1919 年 1 月，一位男同事提醒她关注工程杂志上的一则广告：“招聘：希望聘用在工程行业有一定经验的女士担任女性工程协会干事。”哈斯利特尝试着提出申请，结果出乎所料，她被成功聘用了，并于 1919 年春天正式开始协会的工作。她设立了协会的工作目标——促进“女性在工程行业的研究与实践”，使这些“女工程师”能够探讨共同的兴趣、接受培训和获得就业机会，并发行相关出版物。[34] 哈斯利特的工作还包括招聘会员以及编辑协会的出版物《女性工程师》，该刊物于 1920 年推出，旨在号召越来越多的女性积极参与工程行业。哈斯利特在工作中成功发挥了管理和写作两方面的技能，工作很出色。

1920 年的《女性工程师》期刊上有一篇介绍掌握发电机技术的文章，是女性工程协会早期成员之一、伦敦大学数学专业的玛格丽特·帕特里奇（Margaret Partridge）写的。[35] 她是一名独立电气工程师，不仅在英国各地创建并运营私人发电站，后来还撰写了《女性用电手册》第一部分，介绍了公众用电规则的内容。该部分一共有 6 章，充分体现了其作为能源供应工程师的权威。[36]

1914 年，帕特里奇大学毕业之后开始教书，但 1915 年就转行从事战时弹药工程工作。当时，像她这样的许多能人都有类似的职业发展轨迹。帕特里奇在电力技术方面积累了丰富经验，后来建立了自己的咨询公司“M. 帕特里奇”家政工程公司（请注意，这里也是用了一个中性化名字）。正如帕森斯夫人所说的，鉴于女性在工程领域就业方面面临的挑战，工程咨询、顾问这种自由度较高的职业成了女性能够从事的为数不多的专业工作之一，尤其是在两次世界大战期间的经济衰退时期。很快，帕特里奇的公司就大获成功，开始打广告招聘女性电力专家，通过《女性工程师》呼吁“让女人来做女人的工作”——为农村地区提供照明和电力。在帕森斯夫人和雪莱 - 罗尔斯夫人的支持下，帕特里奇的公司分别于 1925 年和 1926 年在英格兰西南部完成了最初的两次电力设备安装。在德文郡班普顿的新发电站，帕特里奇给她当时最亲近的朋友卡洛琳·哈斯利特写信：

“亲爱的，这种经历非常激动人心，带给了我一座光明的小镇。”[37]

帕特里奇的事业大获成功，她还经常为《女性工程师》撰写电力设备相关文章，而哈斯利特在协会的工作逐渐变得更具有挑战性了。当时，女性工程协会的新会员招募几乎已经停滞，哈斯利特等人的工资完全靠帕森斯夫人可自由支配的个人财产以及新入会的女性会员（和少数男性会员）所缴纳的会费支付。1922 年的经济衰退削弱了女性工程协会的活跃程度，靠着贝尔比夫人这样的善心女士的慷慨捐赠，协会才得以摆脱濒临破产的困境。[38] 女性工程协会依靠这种偶得资金勉强撑住了门面，在这种情况下，哈斯利特很快就开始为有电力专长的女性开拓以家庭为中心的新事业。1924 年，她询问协会的成员们，什么设备才能最有效地提高家庭劳动效率，大多数人都认为是洗碗机。随后，这引发了关于如何研发这种设备以提高家庭电力消费的探讨。

1924 年，哈斯利特在伦敦举行的第一次世界电力大会上，与美国（机械）工时学专家莉莲 · 吉尔布雷斯博士会面，正是这次重要的会面使哈斯利特朝着开发新设备以提高家庭电力消费这个方向进行更深入的思考。[39]1924 年夏，女性工程协会的一位成员马修斯女士向哈斯利特提交了一篇关于女性家庭用电的论文，引起了哈斯利特的特别关注（马修斯此前曾想凭借该论文申请加入电气工程师协会，但没有成功）。马修斯在“二战”期间对一位在乡村翻晒干草的农民进行了时间与劳动分析，她在论文中指出，太多女性忽略了“节约精力比节约金钱更重要。而在节约精力方面，电力有助于女性”。因此，马修斯提议成立女性电气协会，旨在用实际行动贯彻这些理念。[40]

哈斯利特热衷于研究家庭用电这种新的流行趋势，旨在为女性创造更多就业机会，而帕森斯夫人则不同，她更倾向于关注“正规”的电力工程。[41]不过，帕森斯夫人勉强同意于1924年11月12日在她伦敦的家中举办女性电气协会第一次会议，她的丈夫查尔斯·帕森斯、玛格丽特·帕特里奇等人都出席了。[42]这次会议上，大家一致同意女性电气协会的主要目标是利用电力技术减轻妇女在家庭中的“苦差事”，这将为女性在家庭之外的解放开辟机会。[43]

由于帕森斯夫人对女性电气协会的态度漠然，哈斯利特邀请了知名保守党女议员南希·阿斯特（Nancy Astor）担任女性电气协会第一任会长。在1924年第一次向协会成员们发表的讲话中，阿斯特支持女同胞们“期待着电力能给她们带来解放”的想法。但在她看来，“家里最难对付的是男人”，而电器“无法避开这个祸端”。[44]在下文中我们就会发现，对女性电气协会而言，一些男性的行为的确造成了阻碍。但在帕森斯夫人看来，女性电气协会最大的问题在于其对家庭的关注偏离了女性工程协会的宗旨。1925年，在温布利举行的第一届“科学、工业和商业女性国际会议”筹备期间，矛盾达到了高潮。哈斯利特希望女性工程协会能通过玛格丽特·帕特里奇关于“电力生产和分配”话题的论文，但帕森斯夫人提出了异议。在那年春天女性工程协会的一次重要会议上，双方坚持各自的观点僵持不下，哈斯利特最终赢得了会员们的支持。帕森斯夫人不满于自己栽培的组织对她的公然蔑视，于是退出了女性工程协会并撤销了财务支持，永久性地断绝了与女性工程协会和女性电气协会的联系。[45]

经历了这一创伤性事件之后，两个机构仍然存活了下来。后来，哈斯利特继续担任女性工程协会干事，直到1929年，作为女性电气协会第一任总监，她的责任越来越重，便停止了女性工程协会的工作。她专注于面向对电力持怀疑态度的主妇开展工作，致力于将主妇们转变为电力消费者。对于1925年夏天在温布利召开的会议上哈斯利特的发言，《女性工程师》的报道如下：

在所有关于家庭用电的探讨中，很显然，供电商必须面对的主要问题之一，也是电力工程师似乎无法解决的问题之一，便是普通的家庭主妇对这些问题的态度。虽然商家用上了各种广告和推销手段，但电力供应商、电器制造商和潜在的女性客户对电的认识还是存在着巨大差异。仅仅依靠商业化的企业是无法弥补这一差异的，如果要让家庭主妇最大程度地认识到家用电力开发的价值，就必须对其进行简单的相关教育。[46]

哈斯利特精明地推测，该工作比较容易完成，而且电力供应商会乐于进行商业赞助。的确，在哈斯利特发言之后，电力行业显然对女性电气协会投入了更多热情。电力部门的管理人员很快就提出了邀请她们参加公开讲座和参观发电站的方案，英国和盟国电缆制造商协会以及交通部也提供了支持。女性电气协会迎来了迅速发展，很快，格拉斯哥和曼彻斯特都设了协会分会，1927年，女性电气协会从女性工程协会大楼中迁出，搬到了肯辛顿和骑士桥电力照明公司的一座变电站楼上。[47] 女性电气协会此后的许多故事已经被几位史学家——佩吉·斯科特、苏塞特·沃登和卡罗尔·珀塞尔——讲述过，我便不再重复介绍其42年的发展历史。[48] 在本文中，我探索的是该协会运营过程中复杂的性别动态（gender dynamics），正如1934年《女性用电手册》所体现的那样。

女性电气协会和电力消费的性别管理

珀塞尔认为，女性电气协会的运营体现了“保守的现代主义”，沃登则认为其运营是一种低调的女权主义尝试。考虑到女性电气协会有男性参与，因此从这个角度而言，二者的说法都是对的。但更重要的是，两人都忽略了一个根本性问题，即许多家庭主妇并不愿意让家里通电。假设在两次世界大战期间，英国主妇非常幸运地从邻近街道上的主供电站里获得了电力资源，那么跟煤气、煤或石蜡相比，大家普遍会认为电更昂贵、更不可靠，使用起来更令人不适。因此，女性电气协会绝不是那种简单地号召大家使用电力的宣传组织——它必须赢得女性消费者的心灵和思想。正如安妮·科伦宁所说的，这不像燃气行业一样，只聘用销售团队和演示者们（通常都是女性）就行了，还要通过设置电力教育课程和女性电气协会资格考核，赋予家庭电力消费行为一种高级的科学文化形式。家庭电力由受过专业培训的女性进行管理，而这正是燃气等其他公共能源消费过程中没有出现过的现象。《女性用电手册》就是为这些科学的培训师和学习者们而创作的。

然而，对于哈斯利特在英国各城镇设立女性电气协会分会时遇到的一些男性而言，他们很难接受上述观念。在大多数地方，哈斯利特见到的都是之前参加过选举权活动的全女性代表团、女性学者和女性专业人士。但在某个城市，她会见了一群从事电力行业的男性。这些男士们认为，女性电气协会的设立只是为了给他们推荐更多家庭主妇客户。哈斯利特建议这些男士离开，并建议他们将家中的女性送去参加当地的分会。[49] 在她担任女性电气协会总监期间进行的各种各样的游说工作中，可以看出她的策略特点是“双边主义”。哈斯利特的目标是让协会成员们能够高效地从事家务劳动，进而能够拥有自己的事业。而这需要电力行业为协会的培训计划提供资金支持。作为这种资金支持的回报，电气行业（仍由男性主导）自然期望协会能为他们带来更多女性消费者。

虽然这种交易旨在使双方都满意，但聪明人很容易发现，这种交易往往充满了不确定性。事实上，为了让消费者与从业者达成合作，有时需要完全改变双方不同的规划。[50] 例如，1928 年 4 月，为了从市政电力协会获得每年 50 英镑的女性电气协会会费，哈斯利特不得不公开道歉，因为当时女性电气协会的一位讲师声称用电力来烹饪“太贵了”，不实用。哈斯利特巧妙地处理了这场“外交灾难”，她解释称，这位讲师之所以这么说，是因为她自己住在乡村，脱离了公共电网，但讲师的说法被媒体断章取义了。哈斯利特的道歉见效了，当年 5 月 19 日，哈斯利特收到了市政电力协会的 50 英镑支票。[51]

此外，哈斯利特还得巧妙地处理协会成员对供电公司的态度。供电公司试图改变家庭主妇的用电行为，他们号召主妇们在用电需求较少的白天闲暇时段使用洗碗机和吸尘器等电器，以更高效地平衡每日电力消耗负荷。然而，哈斯利特注意到，她必须告知供电公司，女性能源消费者不喜欢被供电公司称为“家庭负荷”的责任人。当供电公司及资本家们不在场时，她会告诉（潜在）消费者们，电是让女性获得解放的工具：

> 我认为，女同胞们还没有意识到，机器真的让女性得到了彻底的解放。只要按一下开关，她就能获得5马力到6马力的电能。只要会用电，她也能像男人一样操纵飞机。[52]

女性电气协会在 10 年的时间里在英国各地建立了分会机构，促进了电力家政课程的普及，并与电力行业进行了商业协商。1933 年，女性电气协会脱离女性工程协会，并被贸易委员会认证为合法机构。女性电气协会公开宣布了三大目标：为女性提供电力教育和培训，展开对女性电力消费者的研究，举办家庭用电知识考核并为女性从业者颁发资格证书。

哈斯利特精明地向电力行业争取了多次筹款，1934年，女性电气协会在实现目标上又进了一步。根据当年4月的年度报告（也即协会成立的第一个10年），协会不仅多次组织成员参观英国大城市地区的发电站，而且还于前一年的春天在伯明翰举办了非常成功的“电力与农村女性”会议，给那些带动数十名新成员入会的会员们颁了奖。那时，许多分会也举行了各种会议，探讨电炉、小型取暖器、洗衣机、热水器等家电的设计及效率，并通过问卷将成员们的意见直接反馈给厂商。电力家政培训机构曾举办过“多种不同的活动”，比如有3种专门针对家庭主妇的讲座，1种针对教师的理论课程，还有1种针对“初级演示者和销售人员”的课程。此外，工业电力发展协会和电灯制造商协会也为电器演示推销者开设了为期3天的培训课程，并为来自各地学校的老师和学生开设了多次培训。

女性电气协会教育工作的成功，最显著地体现在全国各地都有许多人要求协会提供教学大纲，以供他们准备协会的证书考试。在某种意义上来说，在女性电气协会推出的一系列新证书之中，最重要的是“电力家政教学”资格证书，它补充了已有的电力系统“示范员和销售人员”证书，并为偏远地区的成员提供了函授课程。[53]关于这一点，年度报告中有如下记录：

> 准备这次（函授）课程时，我们发现，现在市面上没有介绍必要基础知识的课本，因此女性电气协会决定编纂一本适合演示者或教师的手册，供他们学习与其工作相关的电力技术基本知识。在来自电力行业和教育行业的许多专家合作之下，这本手册现在已经准备就绪，由梅塞尔斯·霍得和斯道顿公司出版发行，书名为《女性用电手册》。[54]

手册一共有18章，大部分都是由协会的女性技术员写的——其中最知名的便是玛格丽特·帕特里奇，她撰写了前6章“电的一般原理”内容；其他协会成员撰写了“电力在家庭的实际应用”以及最后的“教学和示范”部分；男性作者仅负责法律、安装等内容的撰写。这本书的最后还附有13页测试题，供读者针对协会的各种正式测验来检测知识掌握情况。

《女性用电手册》开篇插图

哈斯利特的妹妹后来声称，这本《女性用电手册》“迅速获得了成功”，协会的一些忠实成员完全离不开它，甚至“把书放在枕头下睡觉”，英国各初中教材里都有引自该手册的内容。[55] 确实，手册很受欢迎，发行第一年的销售量就达到了 33000 册。[56] 这种旺盛的需求一直持续到 1965 年的第六版发行，这也是最后一个以《女性用电手册》为书名的版本。[57]1986 年，女性电气协会停止了运营，其目标只完成了一部分——许多人仍然倾向于使用燃气做饭和取暖。正如珀塞尔指出的，进入 20 世纪 80 年代，加入女性电气协会的年轻成员已经非常少了，一些一直以来都支持协会的电力公司也拒绝提供进一步的财政支持，并拒绝承认协会在电力行业的专业资格。具有讽刺意味的是，哈斯利特在1939年出版的《自学家庭用电》(*Teach Yourself House Electric*)一书中，推翻了女性电气协会的资格认证业务——这本书指出，没有必要通过任何正式的协会培训或考试来认证消费者的资格。[58] 尽管这本书主要是供人们在战时使用的，但它显然传达了这样一个信息，即任何女人（或男人）都能找到自己的方式——无论是在战时还是在和平时期——来掌握家用电器的使用方法。

结论

在这一章里，我介绍了哈斯利特和女性电气协会的其他工作者们是如何在20世纪中期解决了电力公司想要吸引潜在消费者与家庭主妇们不愿意使用电力之间的矛盾的。女性电气协会接受了行业资助以支撑推广活动，致力于使家庭电力事业成为一项需要高技能且享有盛誉的“科学”活动。虽然协会并没有通过减少繁重的劳动来实现哈斯利特最初作出的“解放女性”的承诺，但协会的努力大大降低了早期人们对于家庭电力的抵抗。事实上，协会为此投入了巨大的努力，以至于让我们对某些历史记载产生了疑问——根据记载，一旦有电可用，户主就渴望给家里通电。女性电气协会的努力告诉我们事实并非如此。虽然协会于 1986 年停止了运营，且并未实现全屋电力普及的目标——燃气电力混合使用仍是家庭常态——但协会至少实现了哈斯利特的部分目标，即在女性工程协会难以为女性工程师们开启职业生涯的时候，女性电气协会为从事电力行业的女性创造了一条技术化就业之路。

除了女性工程协会和女性电气协会相互支持又断交的历史，女性在本章的故事如何增强我们对能源消费和能源变革更广泛的历史理解呢？本章主要从 3 个相互关联的层面揭示了一些相当重要但此前一直被掩盖的女性角色，打破了传统的男性在能源供应方面占据主导地位的性别化叙事。具体而言，我介绍了女性作为工程师的妻子如何参与到能源供应的新技术发展之中，女性工程协会如何挑战了工程师的性别规范，以及女性电气协会如何挑战了男性作为电力技术权威专家的地位。最后这一点对于家庭电气化的性别权威（gendered authority）关系至关重要：只有女性权威人士，才能有效地说服家庭主妇们相信成为电力消费者可以获得好处。

格雷梅·古蒂

（Graeme Gooday）

第六章

黑面包和洗衣机：爱尔兰女性的怀旧与态度

我认为，我们这一辈是非常幸运的，因为社会发展让我们看到了它的两面性。过去我们拥有的不多，而且什么辅助设备都没有，但我们过得很快活。[1]

——诺林·杜肯

这一章介绍了一项研究，该研究基于一些七八十岁的老人于 2016 年到 2018 年接受的关于爱尔兰农村电气化情况的采访。爱尔兰农村地区普及用电发生于20世纪40年代末到20世纪60年代中期，比其他地方普及的时间晚一些。由于记录能源史的官方档案中通常没有女性的声音，所以本章探索了口述史作为历史记录方法的重要性。口述史是对传统的历史记录方法的补充和扩展，能让我们听到之前未曾关注过的普通女性的声音，同时有助于探究被访女性在采访过程中展现出的怀旧情结和记忆的主观性。本章介绍了爱尔兰女性是怎么应对这次能源变革的，并探索了选择利用电器做家务是否支持了鲁斯·施瓦茨·柯万在《为母亲提供更多工作》中的论点——号称能让女性做家务“省力”的设备，远未达到宣传的水准。[2]这些采访反映了一系列问题，比如爱尔兰女性如何接受能源变革，以及能源变革对女性日常活动和性别职责的影响。

爱尔兰农村电气化

爱尔兰农村电气化项目由电力供应委员会于1946年11月启动。随后，爱尔兰由水电站建设转向火电站建设，火电站通常以泥炭为燃料。这一时期，爱尔兰延续了一项明确的独立后政策，即开发本土能源，不依赖从英国进口的煤。[3]农村电气化项目在20世纪五六十年代得到了爱尔兰共和党和“彩虹”联盟政府的支持，他们的共同目标是改善爱尔兰农村地区的生活条件，致力于减少贫困，为农场和农舍提供电力和自来水。[4] 该项目还旨在遏制大规模移民现象，移民高峰出现在 20 世纪 50 年代，当时爱尔兰有 300 万人口，移民出境的人口数就达 50 万，其中有相当多的年轻女性。[5]

爱尔兰农村电气化协会是电力供应委员会的一个部门，分管 792 个片区，负责与客户签约、安装电线杆，然后正式“通电”。[6] 农村电气化项目于 20 世纪 40 年代末开始小规模实施，50 年代逐步扩大实施范围，主

电力供应委员会成员
正在示范使用电器

要项目一直持续到1964年，后续项目侧重于开发偏远地区和经济落后地区，如偏僻的岛屿和山谷等，一直持续到1973年。[7]大多数地区包括200户到400户住宅，项目伊始，电力供应委员会的地区负责人对住户们进行游说，这些负责人都是委员会的男性工程师。后来开始辅以公开讲座，从站在黑板前演讲到结合幻灯片演讲再到播放从英国电气发展协会购买的短片资料，并在现场为观众们实际操作农场用和家用电器。[8]当时，农村人不仅缺乏对电力知识的了解，也缺乏对电器使用和管理的了解。许多人甚至会盖住插座以防电泄漏，他们尤其害怕电器引起的火灾，这也成为人们拒绝电气化的主要理由。[9]此外，不稳定的经济状况也意味着成本是许多家庭担心的主要问题，尤其是用电意味着既要支付用电费用，还要支付额外的固定费用。[10]

虽然有上述问题存在，但电力消费者还是在不断增多，在20年的时间里，家用电器的拥有率也在稳步增加。[11]在这一时期，爱尔兰国内的政权由两个中右翼党派——爱尔兰共和党和由统一党领导的跨党派“彩虹”联盟政府交替执掌，两者均偏好保守的财政政策。[12]1956年至1958年，爱尔兰的家电销售量小幅下降，当时正值首届跨党派政府宣布对“非必要消费品”额外征收关税，这表明爱尔兰家电市场对贸易关税还是相当敏感的。接下来的共和党政府的政策深受肖恩·勒马斯的影响，勒马斯最初是爱尔兰副总理和工商部长，后来升任总理。[13]勒马斯采取了与之前截然不同的政策，从1958年开始推行自由贸易政策，包括取消电器进口关税，降低从英国、瑞典和荷兰进口电器的成本。[14]20世纪60年代末，大型家电的市场占有率仍然较低，虽然电力供应委员会和商家允许消费者分期付款购买，但家电市场还是要跟燃气灶、火炉、煤油灶和煤炉竞争。销售最多的是熨斗、电热水壶等小型家电，这在很大程度上要归功于它们的价格较低，只需一两英镑。这一时期大部分爱尔兰人都比较贫穷，而且大多数农村家庭都是第一次安装电线，大型电器的前期使用成本高达30英镑至70英镑，面对高昂的用电成本，人们不得不谨慎掂量。[15]

爱尔兰女性和电气化政策

20世纪初至20世纪20年代，爱尔兰的女性在政治独立运动中发挥了重要作用，女性政治组织“女性联盟”在这场运动中发出了最进步的声音。[16]1922年，爱尔兰自由邦成立，女性虽然获得了全面的选举权，但由于对“女性联盟”激进主义观念的反对，自由邦开始重新定义女性的地位和职责，并将女性角色完全限定在家庭领域之内。[17] 这一点也被写入了爱尔兰第三任总统德·瓦莱拉颁布的 1937 年宪法之中，该宪法深受天主教的影响，尤其是受到都柏林大主教约翰·查尔斯·麦克奎德的影响。宪法限定了女性在家庭中的职责和作为母亲的角色，以所有女性都是母亲为前提，将她们的“家庭职责”置于其他任何形式的劳动职责之上。[18] 这种将女性身份视为母亲身份的文化定义也是 1932 年《婚姻条款》实施的理由，该条款禁止已婚女性从事包括教师和护士在内的公共服务工作，直到爱尔兰于 1973 年加入欧洲经济共同体，该条款才得以废止。[19]

由于上述法规的实施，当时职业女性的数量很少，社会上只有小部分从事专业工作的女性和较大规模的工人阶级女性群体。法规还规定了农村的家庭主妇在其丈夫经营农场或小企业时，必须承担起照看家庭的职责。当时的性别角色非常刻板，以至于不符合传统女性角色的女人们要么选择了移民，要么流落至母婴收容所或玛德莲洗衣工场（Magdalene laundries）*。由于缺乏避孕措施，当时的家庭规模普遍较大，女性的主要任务是家

* 玛德莲洗衣工场是爱尔兰历史上存在的一个机构，起初作为改造罪犯的场所，后来演变成为收容所谓“道德堕落”的女性并强制她们劳动的机构。

务和育儿，家务方面最首要的工作便是烹饪、清洁和洗涤。传统的家务劳动中也有一小部分活计能让女性获得经济独立，如纺织和养鸡。在这些劳动中，为家人制作的衣物，养鸡下的蛋、产的肉都可以用于出售以换取少量收入。[20]

以上是整个研究的背景，该研究旨在调查和记录当时家用电器在爱尔兰农村女性生活中所起的作用。[21] 研究分析了家用电器本身以及家庭厨房的变化过程，并对国家和企业的相关档案进行了传统的历史研究，同时还进行了口述历史研究，收集了多位七八十岁的女性对爱尔兰农村电气化历史的回忆音频。包括我在内的采访者都是定居于爱尔兰的爱尔兰裔或苏格兰裔的 20 岁到 60

"年度家庭主妇"安妮·麦克斯泰夫人与她的家人,《女人之道》杂志封面照

岁的女性，采访者要么有口述历史访谈的经验，要么接受了项目培训。在53位受访者中，有一部分是爱尔兰农村妇女协会招募的，该协会是一个在20世纪五六十年代时积极支持农村电气化项目的女性组织；还有一部分是采访者个人招募的。[22]受访者们来自爱尔兰全国各地，[23]她们住在从小平房到乔治亚式乡村别墅的各类房子中，来自小农场和大农场家庭，以及那些丈夫受雇于乡村小商铺和城镇银行的家庭。

虽然研究旨在探索20世纪五六十年代农村家庭电气化情况，但实际采访往往侧重于调查受访者购买和使用包括电炉和洗衣机在内的电力"省力设备"的情况。研究者们之所以关注"省力设备"，是因为现有研究多聚焦于电力网络的组织与安装上，很少关注农村电气化对爱尔兰家庭和家庭生活的影响。[24]例如，电力供应委员会的口述历史档案中有很多对从事电网安装规划的工程师的访问，在25份访谈中共有4位女性受访者，其中一位女士是为电力供应委员会管理项目的工作人员。在爱尔兰生活与传统口述历史资料库和爱尔兰生活史与社会变革数字资料库中，只有在一些较长篇幅的生活历史访谈记录中，才有对农村电气化历史的简要提及。[25]

对受访者的平均采访时长为30分钟到45分钟，采访以半结构化方式进行，充分挖掘电气化前后的日常生活细节，包括女性自身和作为母亲的经历，女性参与农村妇女协会、从事养鸡或家纺等劳动的经历。这种研究拓宽了电气化历史材料的范围，但口述历史的性质意味着它会比官方记录更复杂，提供了报刊、政府和企业资料都无法提供的多样观点和经验。正如保罗·汤普森（Paul Thompson）指出的，官方资料代表着“权威人士的观点”，口述历史则“见证”了许多既无特权也不受关注的人的生活，如在爱尔兰农村地区烹煮食物、清扫房屋、养育孩子的家庭妇女的生活，毕竟权威人士几乎从不过问这些人的意见。[26]然而，正如意大利的美国文学教授阿利桑乔·波特利（Alessandro Portelli）指出的，我们必须要注意，不要认为受访者会纯粹地“只谈论自己”。采访活动由采访者和受访者双方参与，并被采访时间所限制，而且受访者们知道采访是学术研究的一部分，清楚他们说的话都会被载入档案馆和学术出版物中。[27]这种主观认知会影响他们所讲述的故事以及故事的讲述方式，而听众的观念和思想也会影响他们自己对口述内容的理解。受访的爱尔兰女性几乎都没有表现出作为历史参与者的自我认知，但她们一致认为过去的实践和文化很重要，值得被记录、被铭记。[28]

好吃的面包和怀旧情结

凯瑟琳·麦奎兰：我记得很清楚，过去我母亲有一个白色的小罐子，她会把一两品脱牛奶倒进去，使其凝结变稠，然后用来做好吃的面包。她把面包糕体放在一个圆形炉子里，一个约一英尺宽的大炉子，上面有一个盖子。她会用钳子把泥煤夹出来，把煤放到盖子上，再等半个小时左右，好吃的圆面包就会从炉子里滚出来。

杰拉尔丁·奥康纳：好吃的自制面包。

凯瑟琳·麦奎兰：自制的面包，很好吃。[29]

上述采访中多次提到“好吃的面包”。[30] 用煤炭火炉慢慢烘烤，烤出的面包微微湿润，今天的爱尔兰市场上卖的任何东西都无法与之媲美。[31] 对面包的强调在一定程度上与女性烘焙面包的文化职责有关。烘焙面包是基本的家务劳动之一，是日常生活的核心部分，因此在探讨电气化之前的家务劳动时，它显然是最重要的。[32] 许多女性在使用炉子烘焙时遇到的困难之一便是需要根据时间和温度改变食品配方。

当时，电力供应委员会开展了一系列非常积极的项目，以帮助家庭主妇们解决这些困难，其中就包括赞助一个至今还在举办的全国面包烘焙比赛。[33] 然而许多女人，如诺林·布雷迪的母亲，为了做出高质量的面包，常常采取特殊策略。

诺林·布雷迪：为了克服无法用炉子掌握火候的困难，我母亲在外面生了一堆火。

杰拉尔丁·奥康纳：用泥炭和木头？

诺林·布雷迪：用泥炭这类材料，把火炉放在外面。

杰拉尔丁·奥康纳：然后呢？

诺林·布雷迪：只用了一小会儿就在大街上烤出了面包（大笑）。然后她想出了一个主意，找了个人把炉腿弄断了，放进了火炉里……

杰拉尔丁·奥康纳：那后来呢？

诺林·布雷迪：后来她做好了面包，那真的是……

杰拉尔丁·奥康纳：那真的很不错。

诺林·布雷迪：是的，很不错。这就是她烤面包的方式。

杰拉尔丁·奥康纳：面包是做给全家的？

诺林·布雷迪：是的，是的。[34]

在《怀旧的未来》（*The Future of Nostalgia*）中，俄罗

斯裔作家斯维特兰娜·博伊姆（Svetlana Boym）写道，在17世纪的欧洲，怀旧情绪最初被认为是背井离乡者（包括参加战争的士兵、留学生以及为了找工作而远离家乡的家庭佣工）所患上的一种疾病。当时，人们认为这种疾病可以通过水蛭或鸦片治愈，当然，最好的治疗方式还是回家。我们现在当然不认为怀旧是一种生理疾病，而是一种因时间变迁和地点迁移而产生的心理现象，通常表现为想要找回失去了的、再不复返的童年。[35] 博伊姆概括了怀旧与现代时间观念的关系。现代时间观念认为时间是连续不断向前推进的，时间的推移是不可避免的，博伊姆认为怀旧情绪与不断发展、不断前进的观念密切相关，即怀旧是一种抵抗时间流逝的方式，人们会将无可挽回的过去神话化。因此，没有哪种面包，哪怕是超市货架上的美味面包，会像童年时在篝火上烤的面包那样好吃。[36]

本章没有将怀旧视作一种编纂“虚假历史”的“疾病”，而是将其视作一种情绪状态。在这种情绪状态下，对过去的沉思让人产生了一种既关乎过去又关乎现在的情感。[37] 在上文中，诺林和杰拉尔丁谈论诺林的母亲“挽救”了家庭主食时，她们不仅重申了女性劳动在爱尔兰社会中的核心地位，而且还重申了三位女士之间的代际社会联系。历史上的能源变革正在被神话化地呈现给外界观众，包括学术研究人员和潜在的未来观众。这与盖里·坎贝尔（Gary Campbell）和劳拉简·史密斯（Laurajane Smith）对“进步的怀旧情绪”（progressive nostalgia）的讨论相一致。她们认为“进步的怀旧情绪”是一种特殊的、坦然的、公开的情感记忆方式，旨在积极地、自觉地利用过去，将过去与当前生活和工作中的成绩和收获联系起来，并为未来设定进步规划。[38] 在能源变革的过程中，这种积极的记忆应对策略不仅是巩固社会关系网和社会意识的一种方式，而且强调了女性在家庭生活领域的能源变革历程中所起的作用。

洗衣机和情绪反应

与对烘焙面包的怀旧形成对比的是，在许多采访中，人们普遍认识到，在没有电或自来水的情况下，管理家庭纯粹是艰苦的体力劳动。受访者详细描述了通电之前洗衣服的过程——提着水桶去井里或小溪取水，用手搓洗、冲洗，通常还需要稍大的女儿们来帮忙。

> 诺林·杜肯：那时候没有熨斗。如果要熨烫衣服，就得把衣服放到火上烤，烤衣服时必须多翻转，以保持温度。那时女性根本不能依靠任何便利

设施，都是奴役活儿。

玛丽·奥莱利：都是奴役活儿！

诺林·杜肯：通电以后大家就开始用电器，当时也不知道用电和不用电有什么不同，只要能付得起账单，能付得起电费就行了！事实上，家务活儿就是苦力活儿，女性的活计很辛苦。[39]

将家务活儿比作奴隶的劳动，这种比喻可能有些夸张，但它强调了在家中没有通电时，日常家务劳动的繁杂程度。女性对家庭财务的担忧和对账单的恐惧一直存在，但通电之后，新的账单又增加了一张。在采访中，受访者通常会说“他们非常快乐”，以描绘电气化之前“简单、快乐”的生活，尽管20世纪初的爱尔兰经济很不景气，笼罩着严肃的政治暴力氛围，社会受到天主教会的控制。[40] 在描述洗衣机的功能时，“减少艰苦的体力劳动”“减少苦差事”等表达的出现频率很高。[41] 那时的洗衣机仍然需要大量的人工操作，虽然它们是电力驱动的。全自动洗衣机直到20世纪60年代末才进入爱尔兰市场。在那之前，家庭主妇仍然需要将进水管连接到水龙头上，把排水管连到水槽上，或者将在火炉上加热了的水倒进洗衣机。她们必须通过操作手动压水机给衣物挤水，之后才能开始晾晒。

20世纪50年代，一位女士将洗过的衣服放进洗衣机的手摇压水机中脱水。

丘纳斯·班沃思：（洗衣机）让女性摆脱掉的劳动量是惊人的。过去，女性需要烧水并清洗衣物，还需要把衣服拧干。但有了洗衣机，你就可以把衣服放到里面去清洗……不过这里边还有一些活儿需要人来完成，但主妇们提高了清洗效率，洗完后，洗衣机就排掉了衣服里80%的水，你只要把衣服晾好就行了，当天衣服就会干。[42]

莫林·加万：我觉得这让所有人都很开心，因为人们摆脱了以前必须要做的很多苦力活儿。你可能不相信，我一直记得用了洗衣机之后，我母亲说："就像在天堂一样，这种东西只有天堂才有。"她喜欢洗衣机，非常喜欢。[43]

在关于电力带来的生活改变的采访中，受访者表达出了强烈的如释重负之感和喜悦情绪，她们从苦差事的叙述中得到了喘息。人们通常用宗教词汇来表达情绪，诸如“在天堂”这类形容，尤其是受访者的母亲和祖母辈的人。[44] 这样的宗教表达呼应了 19 世纪天主教宗教革命后爱尔兰农村居民的虔诚本性。[45] 虽然这种情绪跟“好吃的面包”表达的情绪截然不同，但我认为，进步的怀旧情绪仍在这里发挥了作用。坎贝尔和史密斯不仅认为过去并不完美，而且还“艰苦、困难、不公平”，这与采访中人们对辛苦劳动的反复提及是一致的。[46] 将从泥炭、煤气到电力的能源变革描述为一种宗教狂喜，这体现了这种能源变革带来的日常生活的巨大变化。

劳动和女性职责

给家里通电的决策过程似乎因人们的年龄、经济状况和受教育程度的不同而不同，但从采访来看，这一决策通常是夫妻两人共同完成的，丈夫的决策分量更重一些。主妇的积极反应几乎得不到丈夫的认同，尤其是农民，他们特别担心财务成本。[47] 电力供应协会总是在强调电力的好处——用电能给农场和家庭带来经济效益和环境条件的改善，但许多农民仍然不相信。[48] 为了解决这一问题，爱尔兰农村妇女协会利用集中培训课程向成员们宣传通电的好处，并在全国各地为成员们举办了诸多示范活动。[49] 爱尔兰农村妇女协会会长马莫·麦克唐纳（Mamo McDonald）回忆了推广电力的过程，以及给顽固的农民们施加社会压力的推广方式：

杰拉尔丁·奥康纳：那么，男人们乐于给农场通电、给牛棚通电吗？

马莫·麦克唐纳：是的，他们非常开心能给农场通电，牛棚里有一盏电灯很有用，但是让他们考虑给家里通电就难了，在厨房里安一盏电灯可能还行，但他们肯定不喜欢给整个家里通电并为此投资……那时他们还不能接受，他们是被诱导着接受的……如果你来到安格里安的成人教育学院，你会见到来自全国各地的女性朋友们，女人们都来了，她们中的许多人的第一次外出度假就是选择来安格里安学一门课程，你知道，那时候课程满员是没有任何问题的。

杰拉尔丁·奥康纳：都是年轻女性吗？

马莫·麦克唐纳：所有年龄层的女人都有，她们就是喜欢去那里上课，然后以门徒的身份回家。

杰拉尔丁·麦康纳：当时年轻的女孩们是否被

鼓励延迟结婚，有没有这样的故事？

马莫·麦克唐纳：是的，当然有。我们告诉年轻的未婚女孩们，不要嫁给农民，除非他会为了你给家里通上电和自来水。[50]

这一充满性别化和柔性力量的举措颠覆了当时爱尔兰社会中的权力构架，当时男性农民们迟迟认识不到改善女性生活，甚至是改善自己的妻女生活的意义。爱尔兰农村妇女协会的女性成员们缺乏足够的政治或经济权力，只得继续在既有的男权社会中工作，但她们向年轻一代的农民们施加了压力，要求他们改善住房条件。同意或拒绝婚姻，赋予年轻女性一种公然表现情感关系权力的机会，在商议婚事时加上家里的用水和用电条件，这一点至关重要。

杰拉尔丁·奥雷利：是的，我们现在有那么多家用电器，与我母亲那个时代相比，这些设备确实使我们的生活更轻松了。但我经常想，我们到底从这些家用电器中受益了多少。我认为，我们只是找到了其他方式来填补那些被机器省下来的时间。[51]

在这里，杰拉尔丁·奥雷利谈到了鲁斯·施瓦茨·柯万对20世纪初的美国农村引入家庭省力设备的研究。施瓦茨·柯万发现，在引入这些省力设备之后，家务劳动的时间反而增加了。[52] 20世纪五六十年代时，爱尔兰国内没有关于家务劳动时长的研究，不过，当询问受访者们在劳动之余还做了什么时，每一位受访者都声称她们还有更多事情要做。她们没人说自己是通过休息放松、运动和拜访朋友来填补因家务劳动机械化而“节省”下来的时间，虽然那时的商业广告总会让你相信，如果用了电器，你就有时间去进行上述活动。跟美国的情况相似，爱尔兰女性都希望享受空闲时间，但节省下来的时间却干了更多的活儿，主妇们通常会在家中做一些纺织活计，如编织或缝纫，大

为英国产的省力电洗衣机打的“放一天假”广告，《女人之道》杂志

多是为自己家人做的，有时候也要给别人做，以计件的形式获得些额外收入。[53]

观点

上述的访谈表明，在农村电气化之前和之后时期成长的人之间存在着明显的代际差异，70 多岁的受访者尤其有跨越“鸿沟”的感受——不是近现代的数字化鸿沟，而是电气化鸿沟。博伊姆将怀旧的情绪视作延续过去生活的渴望，“在生活节奏加快和历史性巨变的时代，这是一种防御机制”。[54] 我们的采访不仅挖掘出了过去的态度观念，而且有助于挖掘现代的态度观念。如下文，已经做了祖母的老人也在 21 世纪爱尔兰的社会和经济背景下考虑了当初农村电气化带来的影响。

玛丽·奥雷利：莫拉，除了之前的介绍，你还有什么要说的吗？

莫拉·麦吉尼斯：我没有什么要说的了。我觉得，如果任何一个50岁以下的人听到我说的话，他们肯定会觉得“那个老家伙一定有100岁了”！

玛丽·奥雷利：那个老家伙一定是活在黑暗时代！（大笑）

莫拉·麦吉尼斯：是啊，他们根本没有经历过我们的时代，你知道，他们不了解……

玛丽·奥雷利：嗯，你觉得他们的条件更优渥，没有经历过困苦，他们是成长过程中到处都有按钮的一代。

莫拉·麦吉尼斯：是的，我认为现在他们幸福多了。不过，这也是我认为他们不能像我这个年纪的人一样，能够更好地应对经济衰退的原因。我们在物资匮乏的情况下长大，我们感恩于我们所拥有的。而现在的年轻人一出生就拥有优渥的条件，他们会觉得非常难以接受，如果……

玛丽·奥雷利：如果经济出现停滞，他们就很难接受。

莫拉·麦吉尼斯：如果经济不景气的话，是的。[55]

莫拉讽刺地把自己定义为来自前工业化时代的人，强调她见识过电气化之前和之后的爱尔兰。她指出电气化之前的人们培养出了应对生活问题的技能，这些技能可以在困难时刻重新被利用，而年轻的后辈们似乎并不具备这些技能。这为前文讨论的艰苦体力劳动的意义提供了一个有趣视角，指出艰苦劳动能够对一个人的人生产生持续的有用性。虽然莫拉与史密斯和坎贝尔笔下的城市工人阶级人民一样重视辛勤劳动，但这似乎并没有转化成为未来的希望。然而，这仍然是一种进步式的怀旧，它认可了劳动的道德价值，并将其作为通向未来的良好开端。[56]它创造了一种个人叙事，在这种叙事中，辛苦的劳动并非完全毫无意义、应该被避免，而是有助于培养老一辈女性的韧性。因此，这种“女性劳动”对那些从事这种劳动的女性而言是有价值的、重要的，虽然不会被社会普遍重视。考虑到现代的气候危机和能源问题，我们认为，这些前电气化时代的生活方式可能会在当下生活中重新变得有价值，这并不荒谬。

结论

这项关于女性对农村电气化记忆的研究，让我们了解了已婚女性在爱尔兰农村传统家庭环境中经历的能源变革的具体方式。这项研究探索了女性在家庭中的劳动价值，当时整个女性群体都被禁止外出工作，只能聚焦于特定类型的劳动。爱尔兰的农村女性对电力的到来普遍呈现出积极态度，但这背后的矛盾复杂性远非“天堂之光”所能掩盖——虽然她们得到了过上更卫生、更轻松的家庭生活的承诺，但毫无疑问，施瓦茨·柯万在《为母亲提供更多工作》一书中提出的观点在这里同样适用——电器虽然降低了家务劳动的繁重程度，却增加了其他类型的劳动，只是不再那么耗费体力罢了。

不同类型的女性劳动在讨论过程中呈现出显著差异，与洗衣服相比，烘焙面包这项体力消耗较少、令人感官愉悦的劳动更容易引起怀旧情绪。由于用电之后的便捷生活给人们带来了愉悦感，所以人们对洗衣和烘焙面包的反应差异消失了。电力对受访者及其母亲甚至祖母一辈的人来说，都是具有划时代意义的事物。她们的反应以一种矛盾的方式与社会进步发展的理念相结合，爱尔兰农村迎来现代化是一种积极的发展，但从 21 世纪的视角来看，这种发展也略带悲伤，因为通电后，人们就将上个世纪的传统生活方式完全抛在了脑后。虽然采访中没有明确提及如今的气候变化现实，却为这一讨论增添了新的背景，即未来也许不可能继续以目前的情况供应电力。现代化发展所秉持的持续扩张的理念或许不再可行，而电气化带来的体力劳动的减轻可能在 21 世纪也不会再延续。前电气化时代家庭中的能源实践或许会在未来再次变得重要起来。对过去记忆的记录和收集至少可以在一定程度上帮助验证未来的相关实践、理念和方法，并为另一种未来的“常态”提供模型。然而，重要的是，这种实践不应如此紧密地与性别角色绑定。

农村电气化过程中体现出的性别化特性意味着，

爱尔兰的农村女性极少能自己决定家里要不要通电。然而，她们既不被动也不冷漠，而是以她们可以利用的性别化方式发挥自己的作用，利用个人和社会压力去影响未婚夫、丈夫和父亲的决策。爱尔兰农村妇女协会从全国层面扩大了这种努力的作用，通过凝聚共识来肯定电气化对改善农村居民生活质量的能力。虽然爱尔兰农村妇女协会与电力供应委员会有正常的合作关系，但前者与后者的路线并不一致，前者制定了自己的社会战略，依靠社会压力和爱尔兰农村的广泛互联性来推广使用电力。[57] 尽管电力确实使家务劳动不再是严格意义上的苦力活儿，但它对改变日常生活中的性别刻板现象影响甚微。爱尔兰妇女通过参与农村电气化项目获得了一定的成功，她们培养了社会能力，为自己创造了更好的劳动条件，展现了自身的组织能力，从而得到了部分社会认可。从许多方面而言，该运动为爱尔兰 20 世纪 70 年代初的第二波女权主义运动奠定了基础，第二波女权主义运动对于那些曾经塑造了女性生活的法律规章和社会结构真正发起了挑战和质疑。[58]

索查·奥布里安

（Sorcha O'Brien）

第七章

大加速时代的复杂行为：德国鲁尔区的女性与能源

20世纪60年代初，西德摄影家鲁道夫·霍尔塔佩尔（Rudolf Holtappel）在为关于鲁尔区的人物系列作品集寻找合适的角色时，发现了一群堪称完美的形象。[1]数十年后他回忆道，当时，居住在这个人口高度密集、污染尤其严重的地区的女性，会不顾煤尘和飞扬的灰土，坚持穿白色的衬衫。他将这种行为称作“内心的或内在的抗议”，他反对工业化的鲁尔区严重的空气污染，用黑白照片将这些默默抗议的身着洁白、亮眼的衣服对抗烟尘的女性形象永久保存了下来，身着白色衣物的女性与她们周围肮脏的环境形成了强烈对比。[2]这种反差对比不仅限于视觉形象上，还反映了一种个人内心的冲突，揭示了在这个以煤炭开采和钢铁生产为主的工业地区中的女性的矛盾立场。事实上，在这种肮脏环境中故意选择穿白色服装可能是一种双重的反抗行为：既反抗鲁尔区成为“能源献祭区”，[3]也反抗将该地区诬蔑为不文明的工人阶级居住区的说法。在前一种反抗中，女性的行为构成了一种环境抗议，在后一种反抗中，女性的行为提供了一种社会性评论。然而，这些女性大多嫁给了煤矿工人或钢铁工人，她们的生活是靠着创造了污染的工厂提供的薪资来维持的。因此当西德的能源结构变化导致了 20 世纪 50 年代末的煤矿关闭风潮时，这些女性转而抗议煤矿关闭，以支持该行业发展。

这些女性是担心孩子健康的母亲，因此不得不默默地抗议煤烟污染，但她们也必须认可这个行业，因为她们还是煤炭文化和经济环境之下的煤矿工人之妻。虽然她们不用去矿上工作，但她们对于煤矿工人的就业发挥了关键作用，因此也成了“资本主义矿业企业的一部分”。[4]例如，1970 年时，妻子仍然在清洗丈夫的工作服。矿工们通常只有一套工作服，他们也通常只有周日才能回家休息一天。这一天里，妻子要负责清洗丈夫

鲁道夫·霍尔塔佩尔拍摄的穿白色衬衫的女人

的衣服，这是她们为支持丈夫的有偿工作而做的辛苦且无偿的劳动。[5] 20 世纪 70 年代初，马克斯·普朗克工作环境与人为因素研究所估计，女性在清洗丈夫的工作服时所消耗的热量，与丈夫在矿上工作时消耗的热量相当。[6] 这证实了鲁斯·施瓦茨·柯万提出的观点："实际上，家里的厨房和煤矿一样，也是工业化劳动的场所。"[7] 不同之处在于，女性并没有因她们所做的家务活儿而获得薪酬。此外，由于丈夫是轮班工作，所以女性必须处理家里的任何问题，每天都要作重要的家庭决策以确保家庭的安全与健康，以及负责家里的整洁和体面。20 世纪 50 年代的德国矿工通常被视为西德重建的标志，为该国的经济奇迹发挥了实质性的作用，但要知道，他们为西德的繁荣作出的重要贡献，是在妻子的无偿帮助下完成的。

认识鲁尔区的女性与能源

鲁尔区的煤矿史必须包括女性。女性并不只是男性的附属物，并不只是家庭主妇和母亲，她们也是女人，也是有自主权的历史性角色，她们不是“家里的奴隶”或“家里的守护者”。[8]她们的经历体验很重要，不仅是因为女性的经历体验跟男性的既相互独立又互补，还因为这些女性的经历体验可以揭示人类在能源系统中的行为的矛盾性和不明确性。通常，这些女性的体验会被能源史所忽视，因为能源史往往只关注更容易评估的能源生产和有偿的能源劳动。[9]将能源史的概念扩大，我们就能关注女性既支持又批评煤炭行业以及能源系统的行为。一方面，她们参与了能源生产，因为她们是煤炭经济不可或缺的一部分，只有女性在家里照顾好家庭和矿工，煤炭经济才能正常发展；另一方面，她们也是战后活跃的能源消费者，家庭的忙碌或许让她们被社会孤立，但家并不是孤立的单位，它既是煤炭生产的重要组成部分，也是能源消费的重要组成部分，而在 20 世纪 50 年代的西德，大部分能源生产和消费都与煤炭相关。正如施瓦茨·柯万指出的："无论她们整天所做的事是否可以被称作'消费'，这些事确实需要耗费时间和能源。"[10] 主妇的劳动植根于一个更大的能源体系，同时也植根于社会和经济体系。她们的日常生活反映了更广泛的西方社会的发展，即人类越来越依赖于能源的高度利用。西德的家庭和小型消费者的能源消费量，从1950年的3210万吨标准煤上升至1960年的5240万吨，1970年时升至一亿吨，1980年时为11210万吨。[11]

将个体的生活经历理解为与煤炭等能源相关的复杂的实践与叙事，有利于我们将鲁尔区女性的生活置于一个更全面的能源系统之中。该系统不仅包括了经济和技术条件，还包括了社会和文化特征。以鲁尔区为例，家庭的供暖和供电与当时该地区的煤炭生产系统密切相关。如果我们将鲁尔区视为这一综合性能源系统的一部分，就能研究所谓的能源"结构变化"怎样促成了能源变革。鲁尔区的历史深深植根于以碳氢化合物为基础的能源系统中，随着能源生产和消费不再依靠煤炭，该系统在1945年前后发生了重大变化。在鲁尔区，有两个与能源相关的重大发展导致了上述的结构变化。一是石油取代了煤炭，尤其是在供暖市场上；二是随着越来越多的人拥有了汽车，能源的总消耗量出现了急剧增长。因此，西德的煤炭生产量减少了，后来只能依靠政府干预才勉强维持着产出。[12]1950 年，西德 73% 的能源需求由烟煤满足，1979 年时，这一数据下降至 19%，而汽油的需求从 5% 升至 51%，天然气的需求从接近 0 升至 16%。[13] 在 1950 年鲁尔区的工业劳动力中，煤矿工占比 53.4%，1961 年时，这一比例降至 38.2%，1970 年时仅为 26%。从 1950 年的 414008 人到 1970 年的 200142 人，煤矿行业从业者减少了一半。[14]

鲁尔区的能源结构转型或变革是 1945 年后才出现的，这也是所谓的大加速时代（Great Acceleration）中的一场重要的区域性变革。J. R. 麦克尼尔和彼得·恩格尔克（Peter Engelke）用"*Strukturwandel*"一词来表示世界范围内化石能源使用的指数级增长，指出能源消费的增加与自 1945 年以来全球人口数量的急剧增加都给地球环境造成了灾难性影响。他们认为，保罗·克鲁岑和尤金·斯托默于 2000 年首次提出的"人类世"（Anthropocene）[15] 概念不应该以 18 世纪末工业化进程的开始为起点，其起点应该是 20 世纪中期，因为自那时以来，"人类对地球及生态系统的影响越来越强烈了"。[16] 具体证据包括"自 1950 年以来化石燃料使用的大幅攀升"，[17] 以及随之而来的二氧化碳排放量的指数级增长，排放的二氧化碳中有 3/4 来自化石燃料的使用。他们指出，人口激增导致了城市居民数量增加、机动车数量增多、塑料制品激增以及氮的大量使用，进而导致了大规模森林砍伐现象以及生物多样性的显著下降。在他们看来，是大加速时代“开启了人类世”。[18] 如果真像他们坚称的那样，“能源是新纪元的核心”，[19] 那么理解人类行为在这一关键时期的作用就很重要了。

然而，仅关注化石燃料的生产或自 1945 年以来激增的能源消费是不够的。正如我们在前文中所见，要探讨人类行为在能源长期性变革过程中的作用，必须要了解以碳氢化合物为基础的能源系统复杂、全面的特性。能源系统构成了一种社会和文化系统，同时又受到社会和文化系统的支持。[20] 能源系统是由人类决策塑造的，更广泛的系统变革与不明确的个体行为有关，即人们对能源系统呈现出有时接受、有时排斥的态度。

长期以来，女性与鲁尔区的发展史没有什么关系。该地区传统上的劳动力历史，倾向于关注煤矿和钢铁工人以及他们的政治运动。[21] 能源结构转型的历史则注重该地区从非工业化向工业化的变革，注重于 20 世纪 50 年代末以来钢铁厂和煤矿的关闭，而没有将这些变化与更广泛的能源系统变革联系起来，并且忽略了不同的能源载体之间的复杂关系。以上种种让我们更容易忽视女性的体验。过去人们普遍认为，女性在矿工的劳工运动以及去工业化的政治运动中都没有发挥重要作用。重新将能源变革过程置于鲁尔区1945年后的历史之中，能让我们将能源变革与真实的生活经历联系起来。通常，史学家们探究的是大型的能源变革，时间跨度即使不是几百年也有几十年。从这个角度看，虽然西德从煤到石油的能源变革是矿物能源系统中的一次小变革，[22] 却有着重要意义，对鲁尔区产生了重大影响。人们亲历了这些变革，他们就此形成了自己的记忆，促成了自己对该地历史的理解和看法。

鲁尔区的女性是因为她们的口述历史而被（重新）认识的，20世纪80年代时，这种生活日常史研究在德国变得越来越流行。卢茨·尼特哈默尔（Lutz Niethammer）收集并分析了350份口头历史访问资料，率先开展了名为“1930年—1960年鲁尔区生活历史和社会文化”的研究。[23] 更近一点，鲁尔区波鸿市德国矿业博物馆的斯特凡·莫伊特拉（Stefan Moitra）领导了一项名为“数字记忆存储库：煤矿中的人”的研究项目，该项目自2015年至2018年开展了84个口述访谈，在这期间，德国最后一家无烟煤矿宣布关闭。[24] 2017年和2018年，波鸿鲁尔大学社会运动研究所和鲁尔博物馆策划并创建了互动数字项目“鲁尔时空”，访客通过该项目可以实现与鲁尔区居民的互动，了解该地区的历史以及人们的历史记忆及日常故事。[25] 自20世纪70年代以来，各种民间的史学研究机构致力于让鲁尔区的人们聚在一起探讨他们的经历，受到西德女权主义运动的影响，其中不乏一些关注女性体验经历的探讨。[26] 20 世纪 80 年代时，朱塔·德容（Jutta de Jong）记录了煤矿小城黑尔滕的女性的生活史，这是德国工会联合会发起的“基层社会历史”项目的一部分。[27] 虽然这些女性可能并不掌握任何正式权力，不被鲁尔区传统的政治史视为有影响力的角色，但她们的故事可以告诉我们女性的生活经历是如何融入性别化历史背景中的。因此，女性的日常生活史不只是对更完整历史的补充，还有助于人们“打破传统历史观念的核心地位”，[28] 成为另一种历史（alternative histories）。[29]

正如阿尔夫·吕德克（Alf Lüdtke）、汉斯·米德克（Hans Medick）和多萝西·维林（Dorothee Wierling）指出的，关注女性日常生活中的能源变革，并不会将女性的个人经历体验置于宏观的历史发展之上，不只是注重女性的经历，还要从微观和宏观两种不同的视角去看待个人体验和社会发展的史学影响。[30] 将人物传记和个人经历与历史背景相结合，我们就可以理解历史背景与个人行为是怎样相互影响的。虽然个人行为是由不断变化的历史环境因素（包括能源系统）决定的，但通过人的日常行为，这些历史环境因素既得到了强化，也遭到了抵制，最终，这种矛盾的发展带来了变革。只有通过观察人类行为的各个层面，并通过了解更广泛的系统变革与人类日常行为之间的联系，才能深刻理解变革。从社会基层的角度书写历史意味着探讨人的能动性不仅是历史的一个方面，也是赋予人主体地位的一种方式。将女性视为重要的历史角色，将有助于对抗女性角色在能源史中被边缘化的现象，并能探究女性在大加速时代的作用。我们需要以一种更加平衡且更细致入微的方式来评估女性的作用，同时也要认识到，女性的体验不是单一的、僵化的。

20 世纪 50 年代到 20 世纪 90 年代的鲁尔区女性

从 19 世纪后半叶到 20 世纪 90 年代，西德的鲁尔区一直以能源生产为主业。鲁尔河流经该区南部，利帕河流经北部，莱茵河流经西部。20 世纪时，这片区域一直都是世界范围内最重要的工业区之一。在第二次世界大战结束后的数十年里，鲁尔区是煤和铁的综合生产中心。它是“西德重工业的核心地区……也是联邦德国的无产阶级地区”。20 世纪 50 年代末，鲁尔区的主要劳动力群体中有近2/3的人被工厂聘为工人，该区136处矿场中一共有近50万名矿工。[31]几十年里，煤矿开采一直主导着该区的经济和劳动力市场。后来，最初被误解为周期性波动的全球能源市场结构性变化——从煤炭转向石油——导致了鲁尔区从20世纪50年代末开始逐渐去工业化，并促进了经济多样化发展。

就女性而言，社会的“结构调整”带来了“女性就业率增加、结婚率下降、子女数量减少和离婚率上升等趋势”。[32]虽然鲁尔区以当地居民是工人阶级为特色，但20世纪50年代时，女性通常是主管家庭的。这一点跟之前几十年的情况截然不同，尤其是第一次世界大战前后。那时，矿工的妻子既需要管理家庭，也需要承担家庭之外的经济生产工作，比如当家政工人、在农场干农活儿、去商铺上班等。[33]史学家们已经指出，整合的煤炭和钢铁工业巩固了鲁尔区“保守的工人阶级家庭结构”，这些家庭对女性就业持反对态度，部分原因在于1945年后，西德的家庭政策支持女性担任全职母亲和妻子的角色。[34]

女性不被允许在鲁尔区的煤矿里工作，所以她们不会把自己弄得脏兮兮的，相反，她们还要负责维持家庭的整洁干净。19世纪末，在欧洲的产煤区，“负责让家庭在烟雾缭绕的工业城镇中保持整洁干净这种永无止境又徒劳无功的工作的人，是女性——家庭主妇或仆人——而不是男性”。[35] 20世纪70年代，在更高的烟囱把煤尘散播到德国各地之前，[36] 鲁尔区成千上万的家庭主妇每天都要与丈夫和孩子带进家里的粉尘斗争。这些粉尘吸附在晾晒的衣服和被单上，飘落在窗户、窗台和楼梯上。每天，她们都要清扫窗台和楼梯，门口也不放过。汉斯·迪特·巴罗斯回忆称：“清洁的地板被视为家庭主妇的名片。如果客人说掉在地上的东西可以捡起来吃掉，那就是对女主人最高的赞美。”[37] 煤烟不仅像雪花一样，而且像油脂一样紧紧附着在各种东西的表面，尤其是在煤场更换过滤机器的日子里。[38] 鲁尔区跟西德的其他地区不一样，该区的家庭主妇们每周都要清洁一次窗户，虽然深色的窗框不显污垢，但玻璃上的污垢相当明显，而且“用布把玻璃擦干净后，就必须把布扔掉。窗户最好用肥皂水清洗”。[39]

每周，家庭主妇们必须费力地擦洗和抛光地板，并清洁上过浆的窗帘。这些褶皱齐整的窗帘成为抵抗以煤炭为中心的能源生产系统的最亮眼标志。清洁工作体现出工人阶级对获得尊重的渴望。[40] 当时的广告进一步助长了人们对“洁白无瑕”的痴迷，像宝莹（*Persil*）这样的洗涤剂公司进行了大量营销，“宝莹白”（*Persil weiß*）这个词很快就进入了日常沟通用语，用以代指洁白无瑕。

通过对 20 世纪五六十年代的媒体进行分析，可以发现在战后的西德，“白”成为一种重要的象征，一切都必须是干净、白色的。在德语里，说一个人“身着白色背心”，意味着他履历清白；“*Persilschein*”* 一词指一个人拥有清白的政治背景，尤其是经过了纳粹时代和第二次世界大战后，在 20 世纪五六十年代保守党派统治时期，清白的政治背景正是德国人所努力追求的。[41] 20 世纪 50 年代时，要想使鲁尔区保持一尘不染的干净形象非常困难，因此矿工的妻子们会因家中的干净整洁和家庭主妇的身份而自豪。围裙是她们的日常随身物品，代表着她们给自己设定的严格清洁标准。她们之所以如此追求清洁干净，也是为了获得尊重。

煤矿工作的性质决定了日常的家务流程，矿工轮班工作制决定了家庭的用餐时间。家庭的所有日程安排都是为了顾及养家糊口的人。巴贝尔·贝格尔霍夫 - 沃多皮亚记得，他小时候一家人要等父亲下午 3 点下了早班才能吃上午饭。在当时的西德，午餐是正餐，午饭通常是温热的，孩子们大约在下午 1 点放学，但在煤矿工人的家里，全家人要等丈夫和父亲从煤矿回来才能吃上午餐。[42] 矿工们在地下矿井里工作，他们的妻子就要在

---

* 英文即 Persil ticket，指人或物非常干净，就像被宝莹洗涤剂洗过一般。

白天作出重要的家庭决策，比如管理家中财务、与政府或保险公司打交道。这样一来，女性的作用就不仅限于在家中发挥，而是拓展到了公共事务领域，在一定程度上影响了财政和社会权力构架。[43]“她们精心维护着丈夫的工作服、靴子，照顾着丈夫的身体，管理着家里的事务……这对她们的家庭幸福很重要”，瓦莱丽·霍尔（Valerie Hall）研究了英国的类似情况，“女性使家庭成为她们自己的权力中心”。[44]用施瓦茨·柯万的话来说，女性的“家庭劳动”支持着丈夫的“市场劳动”。[45]

如前所述，清洗丈夫的外衣是一项苦力活儿。直到1970年，一次集体协商才规定了煤矿公司必须负责购买、清洗和护理矿工工服。此前，工人们会在放假时把外套带回家，[46]虽然工人们会在矿场的浴室里洗澡，并试着把工服洗干净，但负责彻底清洗的还是他们的妻子。M夫人还记得：“那衣服，就跟煤一样黑！衣服上有很多煤尘……洗衣时就像是抓住了一团乌云，裤子、上衣、袜子都是乌黑的……要洗干净可费劲了！”[47]在全自动化且高效的洗衣机问世之前，要把衣服上的灰尘彻底洗干净可不容易，不仅非常耗时，还非常耗费体力，女人们不仅要搬运沉重的湿衣服，还要搬运装满热水和冷水的大水壶，然后手搓衣服，最后把它们晾好。W夫人回忆道：“可以想想，女人要使多少劲儿！”[48]通常，女人们要把周六孩子们的洗澡水省下来，第二天一大早就忙着用肥皂水搓洗丈夫的衣物，清洗干净后晾晒。她们通常要在当天晚上把衣服整理平整，因此周日成了主妇们最为忙碌的工作日。

20世纪60年代时，越来越多的家庭拥有了电力洗衣机，洗衣服的活儿就变得轻松起来。然而，满是油污的肮脏衣物还是要预先浸泡清洗，通常在洗衣机洗完之后，主妇们还要清洁洗衣机中的煤尘，以防它们损坏洗衣机。[49]另一个问题在于，丈夫的汗液里也带着煤尘，所以他们的衬衫、枕套，以及任何跟他们的身体有直接接触的物品都不会彻底干净，而是会蒙上一层“灰色面纱”：“那汗水里，都含着煤尘！枕套很快就会再次变黑。那些男人们并没有完全摆脱掉肮脏，煤尘仍然存在于他们的皮肤之下，在他们的毛孔和头发里。”[50]

正如洗衣机所能证明的，女性的“家务劳动”与丈夫的“市场劳动”同样依赖于“自然能源”。虽然家务劳动是仅限于家庭环境的劳动，但当与更广泛的能源系统联系起来时，这种劳动就产生了“对社会和经济网络的依赖”。[51]然而，以鲁尔区的女性为例，男性劳动和女性劳动之间还有更直接的联系——自然能源通常是矿工有偿劳动的产物，而这产物又要通过女性的家务劳动去消耗。女性使用的能源以及她们在家中作出的能源决策影响了能源的生产。1945 年后，由于家务劳动越来越依赖科技设备，女性的体力劳动也减少了。通常，这些新设备都靠电力启动。当时鲁尔区的电力是由多家燃煤发电厂提供的，这些发电厂位于工人生活区附近，工人们能够看到发电厂排放的污染物。虽然能源的源头在家中不可见，但鲁尔区的女性消费者离这种源头并不远，毕竟能源是她们的丈夫开采的，然后在燃煤发电厂和供热厂中得到转化。

消费行为的改变影响了煤的使用，并加速了石油产品的发展。在西德，家庭供热和交通行业越来越受到石油产品的支配，煤炭行业仅靠工业能源消耗和政府支持支撑着。[52] 塑料等石油产品取代了煤基产品，例如许多矿区家庭曾经都拥有用煤加工制成的地板毛毯，这是油地毡的一种廉价替代品，但随着 20 世纪 70 年代价格合理的 PVC 板问世，这种毯子很快就被取代了，主要原因便是新产品更容易清洁："毛毯首先要刷，然后再洗。人得跪在地上，倒出洗涤剂，然后用抹布涂抹均匀。"[53]

除了地板，更重要的是，煤产品还曾用于供热和烹饪。那时在鲁尔区，矿工的福利中包含供个人使用的煤块。最初，该政策延迟了该地区家庭供热的现代化进程。煤块进入矿工家中，带来了煤尘和烟灰，而且把煤拖进地窖里特别麻烦。通常，孩子们会愿意帮忙运煤以赚点零花钱，[54] 妇女们也会帮忙，这增加了她们本就繁重的家务负担。煤块也可以赚钱，许多矿工如果不用煤或者有多余的煤，就会偷偷卖给那些有需要的家庭，或是卖给煤炭商贩。一位女士回忆说，她的丈夫在20世纪50年代用一吨煤买了一套二手厨房设备和一张儿童床。[55] 可以看出，煤这种能源可以用来买其他东西，比如一些现代化的厨房设备，或者一台用电力驱动的电炉。1950年，西德52%的电能由烟煤提供，到1979年，这一数据下降至29%。1950年，石油和天然气只提供了0.2%的电力，29年后，这一数据上升至23%。从长远来看，消费者的决策促进了能源的"改朝换代"。

此外，20世纪中叶德国的"经济奇迹"（*Wirtschaftswunder*）将居民的日常消费提升到了前所未有的水平。早在20世纪50年代，煤炉和煤炭热水器就逐渐被石油供能的器具取代了，因为它们更容易操作、更便宜。[56] 用煤烹饪和取暖意味着家里需要投入更多劳动力来保持清洁。[57] 当时的联邦德国总理康拉德·阿登纳也改用了燃油加热器，他解释了作出转变的原因："我找不到人来一直看着煤炉并清理煤渣。"[58] 当时鲁尔区的一些公共建筑也采用了石油供暖。[59] 当然，负责家庭消费决策的鲁尔区女性也纷纷以总理为榜样，煤炉被大规模淘汰，"突然之间一切都现代化了"。[60] 女人们也开

女人把煤拖进地窖

始从事家庭之外的工作，以获得薪酬来购买新的家具和电器。[61] 随着鲁尔区的经济逐渐多样化，很多商铺、纺织工坊和电器厂商纷纷进驻，女人们可以在这些场所中找到工作然后挣钱消费。[62]

女性消费行为的转变使得家庭对煤炭的需求停滞。意识到失去了家庭消费者，鲁尔区的煤炭公司开始专门针对女性群体进行产品营销。20 世纪 70 年代初，有公司推出了卡通人物形象给煤炉和鲁尔煤打广告，打出了“鲁尔煤，因为热值更有价值”的广告语，目标受众便是西德的家庭，期望重新赢回煤炭市场。[63] 该广告从 1972 年打到 1974 年，与这一时期能源价格危机导致的煤炭暂时性复兴的现象相吻合。广告所用图片暗示了煤是一种现代的清洁能源，用煤会让家里变得温暖舒适，燃煤炉是实惠、友好的家庭器具。[64] 现代的家庭主妇或许很难认为烧煤的家用设备很方便，但当时，集中供暖系统的建设重新把煤炭送回了家庭之中，因为集中供暖大都由燃煤供暖厂负责。[65] 然而，消费者们还是越来越倾向于使用石油产品，因为其生产、运输和储存成本更低，提供的能量也更多，而且造成的空气污染相对较少。[66]

20 世纪 70 年代时，环境问题变得越发重要，鲁尔区的空气污染问题早在此前就成为政府关注的问题之一。1962 年，鲁尔区颁布了反空气污染法规，这意味着煤炭生产不能再优先于环境保护了。[67] 然而，一些减排措施在立法和实施方面进展都很缓慢。弗朗兹·约瑟夫·布鲁格梅耶（Franz Josef Brüggemeier）认为，20 世纪初，鲁尔区“是一个以牺牲环境为代价来有意保护工业发展的地区”，而且“（这里）不是减少了污染，而是适应了新的工业化环境条件”。[68] 这种发展方式一直延续到 20 世纪 50 年代，但人们对空气污染越发关注，纷纷致信市政当局，要求政府处理污染问题。20 世纪 50 年代，鲁尔区每年要增加 30 万吨煤灰。在一些重灾区，每个月每 100 平方米范围内的煤灰含量就超过 5 公斤。1959 年的一项经典调研发现，该区儿童的平均身高、体重数据都比西德其他地区的儿童要小。[69]

在市政当局讨论如何处理这一健康和环境问题时，民众们也积极参与探讨。在关于煤矿污染空气报道的读者来信中，有很多女士提醒其他读者环境污染是如何影响日常生活的，尤其影响了孩子的健康。一位名为贝尔塔的女士在信中邀请那些“只重工作不重环境”的人来她生活的地方居住：“日复一日累死累活地忙，忙着将所有污垢都清理干净。当我终于干完活儿时，一切又蒙上了一层灰。”她还说如果可以的话，她也想离开鲁尔区，但她的丈夫在其他地方找不到工作。[70]这封信件是一份重要的参考资料，表明煤炭行业仍然位于薪酬金字塔的顶端，很难找到薪资胜过这一行业的其他工作。另一位名为玛蒂尔达的女士坚称，“作为母亲”，她“坚决支持”媒体去控告工厂造成的空气污染。她曾在鲁尔区杜伊斯堡住过一年，“见证了我的孩子们是如何在有毒的空气中长大的”，她对这一问题越发担忧，“我的小儿子肺不太好，因为呼吸问题，已经卧床过好几次了”。[71]

虽然女性通过从事清洁劳动、穿白衬衣、写信给报社编辑来抗议空气污染，但如果外人认为她们居住的地方肮脏，她们也会坚决反对。对她们中的一部分人来说，做好清洁工作是为了“清除”其他地区的人对鲁尔区产生的“肮脏”印象。住在鲁尔区科隆市的作家海因里希·伯尔与摄影师卡尔-海因兹·哈格希默于 1958 年合作出版了《在鲁尔区》(*Im Ruhrgebiet*),[72] 许多当地人都批评称这本书中的鲁尔区一点也不现代化，摄影师给该书配的照片以及书中“这里的空气闻起来很苦涩，房子也黑黑的”的描述让居民们愤怒不已。[73] 1961 年，社会民主党领导人威利·勃兰特提出了“让鲁尔区的天空变蓝”的竞选口号，大部分矿工及其妻子都支持他的竞选活动。20 世纪 70 年代，矿场加高了烟囱，从而在一定程度上实现了“让天空变蓝”的目标。那时，大部分的空气污染都要归咎于家庭，因为该区的工业活动不再是能源消费的主力，鲁尔区已从能源生产为主变为能源消费为主。越来越多的家庭有了车，纺织和电器工厂提供了越来越多的新工作，服务行业的不断扩张也使得能源消费越来越多，造成的污染也越来越严重。

在鲁尔区，以煤为基础的能源系统使男性和女性获得了工人阶级的社会身份。因此，当煤炭文化越发受到冲击时，女性开始反抗并觉醒了政治意识。早在 20 世纪 60 年代，不断变化的能源系统就需要那些卷入变革的人作出反应，他们需要适应改变、培养韧性。西德的能源系统变革导致了影响能源生产的特定区域政策的诞生。自 20 世纪 50 年代末以来，煤开始被石油替代，这导致了产煤区的高失业率和快速去工业化现象。这种能源结构变革在20世纪60年代导致了能源政策的早期政治化，并在20世纪70年代掀起了关于国家能源的探讨。

自1958年以来，鲁尔区的煤矿就遭遇了销售危机，这是由产能过剩、（供热用）煤被石油取代以及美国煤的进口带来的竞争所导致的。[74]煤矿倒闭，成千上万的矿场工人失业。1958年至1964年，就有超过20万名煤矿工人失业，而这一时期却是西德经济整体增长的时期。过去，人们一直认为矿工是德国各行业中最赚钱的，矿工们也很为自己在战后经济复苏和发展中所起的作用而自豪。但这一时期，他们整夜守在煤矿入口处，默默挥舞着黑旗进行抗议。最著名的一次是1959年9月在波恩举行的游行活动。当时，5万名矿工在西德首都波恩进行抗议。由于当时的交通限制，原本想参与抗议的20多万名矿工仅有1/4到了波恩。[75]

虽然这些抗议主要是男人发起并实施的，但妇女们大力支持她们的丈夫和儿子。从20世纪60年代中期以来，她们开始逐渐参与反对关闭矿场的公众游行。从1966年的盖尔森基兴到1967年的贝格卡门和多特蒙德-哈卡德，妇女们走上街头跟她们的丈夫一起游行。[76]一旦被解雇，矿工们就会在妻子的陪同下前往就业中心。突然间，那些花大量时间在家照顾孩子和做家务的主妇们发现，她们现在要跟自己待业在家的丈夫一起分享家庭权威。莱因霍尔德·亚当（Reinhold Adam）回忆道，有主妇开玩笑地说："如果我丈夫待在家，那我就离婚。"在他看来，问题在于这些男人已经工作了35年到40年，现在"待在家里，就想对家里的一切进行改革。他想指挥妻子奶酪应该切多厚、应该去超市里买什么东西。而在那之前，妻子才是家里的老板"。[77]

鲁尔区女性为煤矿的存活发起的抗争一直持续到20世纪90年代。1988年，女性倡议团体索菲亚-贾库巴（Sophia Jacoba）成立，旨在抗议许克尔霍文煤矿的倒闭。各年龄段的女性都参加了在经济部和总理府前的静坐抗议活动，她们把彼此用铁链拴在一起，最后被警方强行解链并带走。她们担心丈夫失业，担心无法为刚买的房子付款，所以她们支持丈夫的抗议，自己也静坐抗议。虽然抗议最初取得了成功，但索菲亚-贾库巴最终于1997年解散。该团体活跃在1988年至1992年，其创始者之一的朱塔·施温肯多夫（Jutta Schwinkendorf）后来进入了市政行业，声称这些抗议给予了女性"领导能力，增加了她们的自信心"。[78]

结论

本章侧重于介绍鲁尔区的女性在能源变革中的复杂

主体作用，从底层平民视角展现能源变革的微观历史，有助于我们理解在高能耗社会中作为能源消费者和生产者的个人所作出的矛盾行为。经历过能源系统变革的鲁尔区女性并不能完全意识到这些转变的结构化特性，她们也意识不到自身的不一致行为，既给当时的煤炭行业带来了支持，也发起了挑战。鲁尔区的女性通过在家中的无偿劳动，成为煤炭生产的必要部分，辅助了她们的矿工丈夫进行有偿劳动。一方面，这些妇女对空气污染的抗议会在一定程度上削弱煤矿行业的生存能力，从而危及丈夫们的工作；另一方面，她们又于 20 世纪五六十年代，以及后来的 20 世纪 80 年代抗议煤矿关门。她们既是煤矿文化的一部分，又接受了非煤基消费品的便利特性。她们不断变化的消费行为加速了煤炭这种能源的衰落，但这种衰落又促使她们与丈夫共同参与抗议。能源系统变革和结构调整导致了西德能源问题的不断政治化。妇女既是大加速时代的“加害者”，又是“受害者”。她们没有主动生产煤，但是她们既参与了基于煤炭的能源系统的建设维护，也参与了对该系统的抵制和反抗。

佩特拉·多拉塔

（Petra Dolata）

第八章

人类世的女性：20 世纪英国的能源、女性机构和家庭

我是这个新机构的新成员，觉得这里的一切都很陌生。我充满了不确定性，所以首先我要提醒自己，全新的行事方式比我从小到大接受的方式要好。我接受了这种观念，才能将这种观念传播给其他人。有时候，这真的不容易做到，因为传统难以消亡。[1]

——埃德娜·佩特里

上述引文出自埃德娜·佩特里（Edna Petrie）1963年发表的文章，文中回顾了她刚刚担任北苏格兰水电局电力使用示范员时的经历。该局成立于 1943 年，其使命是为苏格兰高地的所有人供电，打破在烹饪、取暖和洗涤过程中煤和泥炭作为主导燃料的地位。水电局的努力是富有成效的。1948 年，当地通电的农场和养殖场仅有不到 20000 个，而 1963 年，这一数据超过了 33000 个，占全部农场和养殖场的 85%。[2] 在那时，该地半数以上的居民家庭使用的是电炉，当地电炉的市场份额比英国其他地区都要高。[3] 埃德娜·佩特里是 20 世纪中期英国的电力局和燃气局聘用的数百名示范员和家居顾问之一，此外，还有数千名女性参与了能源供应商赞助的志愿组织（这些组织起初都是私立的，但从 1948 年开始成为公立机构），如女性电气协会、女性燃气联合会、女性固体能源指导委员会。[4] 女性同胞们对于促进 20 世纪家庭电力和燃气需求的增加是至关重要的，本章探讨了这些女性的作用。在"二战"后的英国，虽然与煤炭相比，电力和燃气被视为相对清洁的能源，但我们现在知道它们与石油一样，都是全球气候危机的罪魁祸首。据估计，2016 年，仅家居住宅温室气体排放量就占英国排放总量的 14%。[5]

现在似乎是再次强调女性在过去一个世纪的能源变

革历程中的作用的好时机。人类世的概念自2000年提出来之后，就因为其人类能动性的视角而受到批评。人文社科领域的一系列批判性文献指出，植根于资本主义权力架构的不同代理形式和大公司，与环境开发的主要受益者之间存在着巨大的不平等。[6]这是对无差别的人类主体叙事的必要纠正。值得注意的是，在这些讨论中，女性都缺席了。从安德烈亚斯·马尔姆（Andreas Malm）和阿尔夫·霍恩博格（Alf Hornborg）批评人类世概念掩盖了造成环境改变的真正罪魁祸首——工业化之初的“英国白人男性”，到杰森·摩尔（Jason Moore）的“资本世”（capitalocene）概念，以及雷恩·康奈尔（Raewyn Connell）近来关于“社会世”（sociocene）中制度化的“以权力为导向的男性特质”的探讨，当谈论人类日益依赖的高耗能技术造成的污染灾难时，女性一直都是被忽视的角色。[7]摩尔将女性在家中的无报酬劳动与“无价值”的自然资源在资本主义剥削过程中的角色进行了比较，但除此之外，我们还应该探究在许多工业化国家中，女性能动性的不断增加是如何导致环境被破坏的。[8]本章认为，女性应当被更全面地纳入这场“人造”危机的探讨之中。

过去200年来，女性与家庭科技产品的复杂互动并不是以生产者为主导的。[9]家庭能源变革涉及许多不同的角色和因素——从能源供应商到家居改革者、产品制造者，再到家庭成员以及技术背后的逻辑等。[10] 电力若要在工业化世界中的每个家庭里植根，就需要无数用户的积极参与：人们既会抵制新的能源密集型科技，又会在遇到麻烦时使用它们，然后接纳并推广它们。我们既要看到汽车司机，又要看到汽车的制造商；既要看到电能消费者，又要看到能源行业巨头。本章并不旨在评判女性的罪责，而是追溯她们在能源变革中所起的某些历史性作用，并充分认识她们在由此造成的环境问题中的角色。

具体案例比概念化叙述体现得更加清楚。本章探索了 20 世纪初期和中期，苏格兰的女性从业者以及她们遭遇的阻碍。本章认为，从 20 世纪 20 年代到 20 世纪 70 年代，能源行业以特定方式影响了英国女性。家庭技术的变革改变了女人、男人和孩子们的日常生活，虽然改变方式并不都符合能源行业专业人士的期待。与新能源形式和家用电器相关的政治争议、流行观点和营销活动试图从意识形态上将女性构建为一种独特的类别——家庭中的能源消费者，而忽略了女性和男性在家庭内外使用能源的复杂情况。与此同时，女性作为专业示范员和志愿宣传者参与到该行业之中，这既是她们有限的就业机会，也为她们开辟了新途径。

电气时代的苏格兰女性

埃德娜·佩特里于1963年概述了她在苏格兰高地和群岛的职业生涯，被收录于《电气时代》(由女性电气协会出版发行)之中。这为我们提供了一扇窗，让我们得以了解女性在能源密集的家庭技术传播活动中高度活跃但往往模糊的角色，以及这些角色所反映的局限性。佩特里的生活和事业所在的地方不是寻常区域，苏格兰北部主要是农村地区，地形恶劣、交通不便、生活方式独特，这些都是电力供应商遇到的挑战。"高地清洗"(Highland Clearances)* 的持续影响，以及遏制农村人口减少的坚定政策立场，增强了北苏格兰水电局的紧迫感，他们致力于为英国的电气化铺平道路。该局有一条独特的"社会条款"，要求重视"人口稀少地区的社会和经济状况的改善"，[11] 因此该局旨在供应家庭消费者能负担得起的电力，并鼓励小型农村产业的发展。水电局首任局长汤姆·约翰斯顿在任时参考了加拿大安大略省水电委员会和美国田纳西州河谷管理局的举措。[12] 但是，并不是所有人都支持水电局，建水电站会在河流筑坝，会在山谷蓄水，这意味着要与大土地主、公共机

* 指1750年至1860年，苏格兰发生的大量佃农从高地和群岛被驱逐的事件。

构（如国家信托机构）、渔业主、旅游机构和地方当局进行沟通协商。[13]

1942 年的一份报告指出，苏格兰北部 137 个有人居住的岛屿以及大片人口稀疏的山脉地区仍将不能通电。[14]但事实证明，水电局是很有创造性的机构，它采用了多种发电方式。到 20 世纪 50 年代初，有近 13000 处场所由柴油发电机供电，许多岛屿接通了海底电缆。这时的柴油发电站和水力发电站数量相当。10 年后，在一些仍未通电的岛屿，水电局向多达 2000 户家庭供应了瓶装煤气。阿伯丁和邓迪地区有蒸汽动力发电机，苏格兰最东北部的阿尔特纳布雷克有一个烧泥煤的 500 千瓦燃气轮机试验站，科斯塔海德的一台 100 千瓦的风车为奥克尼群岛地区的电力供应作出了贡献。苏格兰高地的电网最终由英国原子能机构在 20 世纪 50 年代末修建的多恩核电厂补充完整，尽管该厂本身也是电力的主要用户。苏格兰北部和南部的电力局进行了合作，以应对电力需求的季节性和日常波动。不过，当时仍然有居民继续在家中使用木材和泥炭这两种燃料，到 1952 年时，这些人的家庭壁炉和炉灶仍要消耗 92.5 万吨煤，同时还在用石蜡灯和煤气灯照明。[15]

埃德娜·佩特里在水电局就职期间，也是当地电网关键的初步发展期，当局致力于积极探索柴油、燃煤蒸汽、原子能和水力发电等各种形式。推广电力并不是佩特里首要的职业志向。在战时，她曾想学习德语，但“那时德语老师很少”，她便听从了“试试家政学”的建议。当然，考虑到 20 世纪 40 年代大部分女学生的教育经历，佩特里的选择并非个例。佩特里最终没有学德语，由于“对家居艺术很感兴趣”，最后进入了阿伯丁家政学校，并于 1947 年加入了水电局，成为该局的第二个示范员。1948 年，她和同事莉迪亚·斯科特每周两次在奥克尼的柯克沃尔电力展厅向公众演示如何用电力进行烹饪，同时在各地举办巡回演示。在回忆起乘坐小船在汹涌的潮水中颠簸，在各岛屿和陆地之间巡游的经历时，佩特里称，“困难这个词很难形容出这场不寻常旅途中的惊恐感”。佩特里的故乡在奥克尼群岛，斯科特则来自奥克尼群岛附近的一座小岛，这些“当地女士”很适合去从事打破当地传统的艰苦工作。[16]

20 世纪 50 年代早期，佩特里在阿伯丁拓展了她的技能——正如她所说，那时的阿伯丁是“燃气的主场”。“二战”阻碍了电炊具在家庭中的推广发展，直到 1952 年，阿伯丁市政当局的公共住宅中都还没有一台电炊具。这类城市成为电力和燃气供应商的竞争主场，他们都渴望开拓家庭用户、垄断市场。1952 年，水电局同意以统一费率供电，无论用户是否使用了燃气。水电局允许用户进行“自由选择”。[17]佩特里曾参与过激烈的销售活动，正如她所说，水电局需要阿伯丁的家庭消费者来维持电力消费市场的多元化（以增加发电站的“负荷系数”），并依靠地方收入来补贴经济不发达的偏远地区。最终，他们的努力获得了成效：阿伯丁的公租房住户使用电炊具的比例从 1952 年的 9% 上升至 1963 年的 80%（当时苏格兰境内仍有 50% 的家庭使用煤气、煤或泥炭炉）。后来，佩特里因“家庭原因”搬至苏格兰北部海岸，那里与故乡奥克尼群岛隔着彭特兰湾。她在“原子城”瑟索工作，许多瑟索居民都是新建的唐瑞核电站职工，在佩特里看来，那里是一个“虽小但非常国际化”的社区，人们都具备自然的“电气化思维”，许多当地人的家里都是“完全电气化的”。[18]

虽然电力行业的广告很动听，但我们常常弄不清楚推广家庭用电的受益者究竟是谁，是消费者还是供电商？科技史学家托马斯·休斯在谈到电力涡轮机时曾说过，涡轮机不断追求足够的电力负载和经济规模，“实际上是在给供给寻找需求”。[19]苏格兰农村电气化的情况要复杂得多。苏格兰高地河流众多，虽然很有利于开发水电，但并不利于开发水电需求市场。在 20 世纪初期和中期的英国，这种情况会导致当局将开发重点转移至用电方便的城市消费者身上，但这与普及用电和提高全民生活水平的政策理念是冲突的。[20]促进全民用电一直是住房改革呼吁的核心，同时，能源变革改变了人们对“宜居”的观念，昔日的奢侈品已经成了今天的必需品。但随着能源市场的扩大，需要更新的似乎不仅仅是住房。行业和政策制定者都瞄准了民众根深蒂固的日常行为习惯，试图打击无利可图的“自给自足”的市场，培养出会用电、有经济能力的能源消费者，帮助增加电力负载。[21]

家庭能源供应方式与众多日常生活习惯交织在一起，天然气和电力供应商要面对佩特里所说的“难以消亡”的、根深蒂固的传统。1927 年，伦敦一些地方的女性是固执的煤气使用者，她们“反对”当地引入电炊具的规划。20 世纪 30 年代，苏格兰海岸法夫区的妇女们关紧了房门，以防止当地的天然气供应商来更换她们的预付费煤气表。[22]1963 年时，佩特里称电力照明“并不需要营销”，这一说法也符合 20 世纪四五十年代农村地区商家的看法。有些商家抱怨，乡下人只用照明设备，根本不用其他高功率电器，事实上这些设备在家和农场里都非常有用。[23]

能源供应商、电器厂商与消费者之间的目标差异一直是研究女性如何利用家庭科技的相关文献中备受关注的焦点。但这种更重视供应端的能源变革叙事是不充分的，女性在家庭中的作用也应当得到重视。例如，鲁斯·施瓦茨·柯万在提出“消费交叉点”（consumption junction）概念时就研究了新的能源技术的成本、使用便捷性以及与现有家庭科技和日常生活习惯的关联性等因素在多大程度上对潜在购买者有意义。一系列研究表明，首先，新的能源形式与设备只有在被成功“驯化”的情况下才能在家庭中使用；其次，女性在这一“驯化”过程中发挥着重要作用——包括家庭主妇以及有足够权威说服其他女同胞接受使用的女性推广者。[24] 家庭内外的结构性制约因素决定了女性选择燃料或电器的自由，这些因素包括住房所有权和社会经济地位，还有谁有权在家中作决策的问题。在这种背景下，英国妇女直到 20 世纪 70 年代末才能自行签署信贷合同。[25]

鉴于不同女性的不同情况，有多少妇女使用“省力”设备减轻了家务劳动负担仍然是一个重要问题。虽然施瓦茨·柯万有说服力地指出了“半工业化”的家庭提高了女性对家庭生活的期望，但并没有减少“女性的劳动量”，这些设备对女性生活的影响究竟有多大仍然是一个值得研究的问题。[26] 有大量证据表明，战时和战后的英国妇女都居住在又冷又潮的家中，缺少营养和健康护理，沉重的日常家务负担损害了她们的健康。20 世纪 30 年代，英国妇女健康调查委员会的一项对家庭主妇的调研表明了当时人们对于女性的住房、家务劳动、获得系统供水和能源服务以及身体健康等问题的担忧。该研究指出，“当前在供水、照明和取暖等方面存在的问题不应再容忍了，即使是在老房子中，这些问题也不该存在”，并指出，正如人们普遍认为的那样，如果这些问题得到了解决，“那么导致农村人口减少的一个原因就不存在了”。[27]

这些研究的关注点与“电力如何让工人阶级女性生活更轻松”的探讨有很多共同之处。毫无疑问，佩特里希望那些与她一起生活和工作的人们过上更好的生活——扔掉可能需要“一个多小时”才能准备好的石蜡灯；改进用于烹饪、洗涤和加热的炉子；改善冷冰冰的卧室以及几乎从来没用过的壁炉；改革“洗衣日”，这可是一项“重大活动”，要趁着雨停、看好风向，要准备好装满热水的桶和各种熨斗。佩特里称，如今，电“已经成了苏格兰的生命线，尤其是在我工作的各处乡村”，“从各方面而言，它让人们的生活更加便捷了”。[28] 1963 年时，她在风景秀丽的罗斯郡居住，她说：

这里发达的旅游业提高了人们的生活水平，最不可思议的是，南方来的游客会发现这里居然有洗衣机、甩干机、烘衣机和熨衣机。对于这样一个降雨量大、100英里内又没有洗衣店的地方来说，这些可都是必需品。[29]

那些年里，关注女性住房和福利的团体在推动能源改革的同时，努力提高着女性的生活水平，这也有助于扩大女性的公民权利。[30] 虽然她们对于未来的憧憬不尽相同，但让英国乡村拥抱现代化是她们的共识之一。

“黑屋”（black house）*这种建筑可以体现出人们的生活水平、能源使用方式和道德准则是如何紧密相关的。20 世纪 40 年代，在一些偏远岛屿上仍然有“黑屋”。正如佩特里所说，在这种房子里，“炊具挂在从屋顶吊下的链子上，下面燃着火堆，燃料通常是泥炭，烟雾从房间里袅袅升起”。[31] 到 1963 年，这种房屋已成为苏格兰农村住房问题的象征。人们认为长期居住在里面会造成发热（特别是伤寒和斑疹伤寒），对于不同性别、不同世代的家庭成员共处一室或两室，甚至是人与动物共处的居住状况，人们也一直存在着道德和文化层面的担忧。[32] 后来，电力出现了。正如 1927 年的《阿伯丁日报》所指出的，这种“没有烟囱的住宅”虽然少见，却是“电

---

* 黑屋是苏格兰地区的一种传统房屋，通常由石头建成，屋顶覆盖着茅草，屋内有生火的炉灶，没有烟囱。

气化住宅”及其倡导者们试图消除的一种典例，其间的污垢和疾病都是最主要的罪恶。按照美国模式打造的闪亮的新生活方式，不仅改革了“黑屋”，还影响了英国各地的住宅和居民，该报纸指出：

对科学、家居、卫生等方面感兴趣的女性是这场运动的主要推动者。这场运动旨在使英国原来充满煤气的房屋，向着美国式干净而舒适的房屋转变，而最终决定其成败的则是家中的女主人。[33]

一些妇女是这场运动的先锋，但还有许多其他妇女需要更新自身认知。在两次世界大战期间和战后的几年里，水电局、政策制定机构以及各类宣传广告，都以消除农村家庭中的各种自给自足的生活方式为目标，这种生活方式并不符合电力网络化建设所需要的付费消费模式。与“黑屋”一样，农村的男女老少长期以来从当地的泥炭沼泽中收集免费泥炭用作家用燃料的问题也需要得到解决。人们探讨女性作为主要消费者的行为时，这种无须花费现金的生产性劳动常常被忽视：在这种情况下，女性经常与丈夫和年长的孩子们一起从事一些诸如燃料收集和畜牧等相互关联的生产性劳动。1924 年的《伦敦新闻画报》的一篇专题报道指出，在一定程度上而言，这是一个不同性别适合从事什么劳动的问题：扛浮木的庄稼汉和男孩代表着一个“强壮的民族……为战争贡献了许多战士”，而收集燃料的女性却代表着苏格兰的悲剧——“经常看到妇女和儿童背着大捆木柴蹒跚着回家”。[34] 现在有很多那个年代苏格兰农村妇女的照片，有的显示她们在挖泥煤，有的显示她们正在背着泥煤回家，在大多数情况下，她们还要一边走一边做编织的活儿。在 1950 年给雷德利委员会（Ridley Committee）的一份报告中，苏格兰水电局称赞其位于凯斯内斯的实验性泥煤燃气轮机比当地居民的个人努力更具成本效益。[35]

20 世纪 40 年代，政策制定者们竭尽全力想要了解居民的真实需求，并找出遏制人口流失的方法，因此进行了一系列基于农村住房报告的社会调查。[36] 但调查结果没有起到什么作用。1949 年，一项关于苏格兰农村人口减少的社会调研调查了偏僻地区的人口情况及居民迁出原因，结果反映出了一系列问题：对不通电、煤气和自来水的不满，缺少好的工作，希望有更好的社交生活，等等。一项按性别分类的小范围邮寄调查显示，女性比男性更在意住房条件。与预期相反，更广泛的调查发现，拥有更好家装设备的居民更愿意移居到城镇生活。虽然就业前景是搬家的主要原因，但在那些想要搬家的群体之中，“与平均水平相比，他们的家庭更多地享有供水和排水系统，并且享有煤气、电力、电话和垃圾处理服务”。[37] 住在偏僻农村的居民最紧要的需求是什么？当时仍然不明确。

虽然缺乏明确证据表明女性群体（或男性群体）到底想要什么，但人们还是经常把家庭主妇视作一个单一的消费者来讨论。正如1927年的《阿伯丁日报》指出的，女性“在（电气化）这件事上发挥着提供建议和亲身实践的显著作用”。[38] 10年后，菲利斯·汤普森（Phyllis Thompson）在女性电气协会的杂志上撰文赞扬了“女性对更实际的家居细节的关注”，她指出，这促使女性“以合理的成本实现工人阶级家庭的电气化”。她强调了地方当局的电力部门重视“女性观点”的好处。[39]

提供咨询服务的女性

对女性观点的肯定表态，就像对现代化作用的肯定表态一样，与其说是对现实的真实描述，不如说是一种修辞策略。人们都知道，事实上女性并不都持有同样的观点，她们的观点也不仅仅局限于纯粹的实际问题。在20世纪40年代末关于能源国有化这一高度政治性的争论中，女性观点的多样性体现得尤为明显。例如，关于英国家庭主妇联盟（成立于1945年，反对能源国有化）是否应该在电气和燃气咨询委员会以及家庭煤炭消费者委员会上获得代表席的问题，保守党遭到了工党的反对（两党都有女性成员）。[40] 地区电力和燃气局的协商委员会成为供应商与工商业机构、家庭消费者、土地所有者、工会和其他利益集团之间的桥梁。[41] 虽然它们拥有的真正权力值得商榷，但最终加入这些委员会的组织机构众多，这表明人们认识到代表的重要性，认识到女性的多种观点也需要被听到。

从20世纪40年代到20世纪70年代，女性创办的机构包括女性电气协会、女性燃气联合会、女性固体能源指导委员会、女性联合协会、英国全国妇女理事会、全国妇女协会联盟、全国劳动妇女组织联合委员会、皇家妇女志愿服务团、苏格兰女性农村协会、苏格兰女性公共福利联盟以及20世纪五六十年代的黄麻和亚麻工人联盟。[42] 在地区一级的委员会中，也有妇女代表（通常是政府代表）。但在1948年至1972年，没有女性成员加入北苏格兰水电局，这表明了女性在这一领域的权力有限。北苏格兰水电局由9位男士主导，在技术顾问团队和两个咨询委员会中，除了当地贵族军官麦格雷戈的妻子——尊敬的麦格雷戈夫人担任了便利设施委员会成员，其余成员都是男士。[43]

从20世纪20年代到20世纪70年代，英国能源行业的命运起起伏伏。20世纪50年代中期，随着清洁空气立法的出台，“使用固体燃料的女性”注定要在斗争中败下阵来。[44] 那些年里，女性组织在帮助女性拓展对电力的认识上发挥了至关重要的作用。能源行业为女性提供了越来越多的家庭科技策略，这与施瓦茨·柯万的观点相一致。女性燃气联合会的“准新娘”和“年轻主妇”分会旨在确保在20世纪五六十年代成长起来的新一代女性继续坚持使用煤气烹饪，坚持不断提高家庭标准。[45] 直至20世纪80年代，女性在能源部门的工作仍然反映了她们受限的社会和经济地位。她们在家庭中自愿投入的时间，与她们的主要家庭角色和普遍被排斥在劳动力市场之外的状况密切相关。值得注意的是，埃德娜·佩特里和许多其他从事这一方面工作的女性直到20世纪50年代初都没有结婚，当时，关于婚姻的禁令正在慢慢被取消。[46]

但是，女性在能源领域并不是全方位受限。一些人认识到了省力设备在解放女性方面的潜力。女性工程协会和女性电气协会的创始者之一、女工程师的先驱卡洛琳·哈斯利特在1947年时开始倡导电力可以让工人阶级妇女有更多时间从事有偿劳动，是“国家的一种宝贵资产”。[47] 当时像哈斯利特（也是未婚）这样的女工程师在业内很罕见，但是这一领域逐渐为广大女性——从工程师到家装专家和志愿宣传者——提供了越来越多的就业机会。20 世纪 50 年代，家庭经济学家协会的成立和壮大表明，电器使用示范员和家庭服务顾问逐渐成为专业职位。在 20 世纪六七十年代，由于越来越难以在家庭中找到女性，上门服务也随之减少了。随着时间推移，面对面推销的模式对能源行业的重要性越来越低，不过，仍然有女性在商店担任示范员，以及成为自由职业者，做一些新闻印刷和电视演示等有偿工作。[48] 到 20 世纪 80 年代，电力市场已经成功打开，英国人均电力年消费量从 1938 年的 442 千瓦时上升至 1980 年的 4137 千瓦时。[49] 家庭和农场供电量从 1938 年的 5361 千兆瓦时上升至 1980 年的 87907 千兆瓦时。燃气用量在 20 世纪 50 年代时有所下降，但是随着北海气田（和油田）的开发，用量急剧上升，并促进了 20 世纪 60 年代末和 70 年代“高速燃气”（high-speed gas）的推广。

能源推广志愿机构中的已婚女性非常重视她们增加的工作机遇。在 2016 年的一次采访中，一位前东英格兰女性燃气联合会代表回忆起了她第一次坐飞机的情景。当时，英国燃气公司为联合会理事会成员安排了一次直升机之旅，让她们参观 20 世纪 60 年代末建于巴顿诺福克海岸边的第一座北海天然气钻井平台。“我在飞机上被惊呆了！”[50]“这种活动能体现出对女性的关注，”她继续说，“我同事们肯定会说，这丰富了她们的生活，为她们提供了很多启发”。[51]尽管不同群体之间多少有些紧张关系——例如男性（以及一部分女性）专业人士和志愿者之间——但新的社会团体依然形成了。女性燃气联合会的一位前主席说：

> 我们有几名成员，她们的姐妹是电力公司的家庭服务顾问，我们都算是朋友……我们希望每个人都能拥有更好的生活、更好的机遇。[52]

女性燃气联合会的成员在 20 世纪 80 年代就关心的问题发起了多项活动，包括促进男女同工同酬、关爱艾滋病患者以及推广宫颈癌检测等。[53]20 世纪 80 年代的联合会主席埃尔斯佩思·豪（Elspeth Howe）之前曾担任平等机会委员会副主席，她积极参与争取女性自行签署信用协议权利的活动（如使用信用卡或分期付款购买家电）。[54]20 世纪 90 年代早期，女性志愿服务机构不再由新的私有能源企业资助，但女性燃气联合会各地的分会仍然以社会组织的名义继续集会，现在还很活跃。[55]通过此类活动，女性就像男性一样充分利用了机会，不仅仅是关于能源的活动。

女性在一定程度上从家务的繁重体力劳动中解脱出来，进入了有偿工作领域，同时还承担着养育子女的责任。选择不成为妻子和母亲的女性数量也达到了前所未有的水平。按照 20 世纪的整体趋势，1950 年到 1990 年，英国的女性劳动力数量从 700 多万增加到 2300 多万，同时年纪较大的已婚、已育女性参与劳动的比例也显著增加了。到 1995 年，在 15 岁至 64 岁的女性群体中，有近 67% 的人参加了工作，但大部分参加工作的已育女性都是兼职。与男性相比，女性从事的职业仍然很受限，而且获得的薪资水平也更低。[56] 随着生活标准的提高，人们对家居舒适度的期待也越来越高，而这正是能源行业和政策制定者们一直想看到的局面。[57]20 世纪 40 年代时，缺乏集中供暖系统是英国的普遍状况。虽然战后的人们都很渴望供暖的普及，但并非所有英国居民都能平等地享受这种相对富裕的生活。2017 年，苏格兰有近 25% 的家庭被认定为处于燃料贫困状态，农村情况更为严重，居民们仍然依赖于价格更高的石油而不是天然气。据估计，2017 年偏僻农村地区的燃料贫困率约为 59%。[58]

这是一段女性在为自己和更广泛的社会创造更富足的条件过程中发挥作用的历史，虽然这个过程中的利益分配不均，且付出了环境代价。正如地理学家克里斯·吉布森（Chris Gibson）等人所说的："从宏观和微观层面上而言，碳足迹或温室气体排放的最强指标是富裕程度。"[59]

结论

本章介绍了女性——如埃德娜·佩特里及其同事——在能源领域的角色是如何以性别等级制度和女性家庭角色的意识形态为前提的。女性作为家庭能源主要消费者的角色抑制了她们在家庭内外参与生产的角色，同时抑制了她们在能源领域的能动性。让女性促进能源消费增长是20世纪家庭能源政策制定者的核心目标。许多女性满腔热情地投入这一事业，即使不能与执掌该领域的男性平起平坐，并且面临一些矛盾。这是让女性从家庭中解放出来的一个途径，同时让女性与男性日渐融入工业化的富足社会生活。如今在英国，随着男女平等程度的提高，日常生活中人们对性别的认同和表达也在不断变化。现代英国女性拥有更高的碳足迹，部分原因在于她们的女性前辈开创了现代化的生活方式。但如今在全球范围内，无论是与男性还是与富裕工业国家中的女性相比，很多女性远没有获得同等社会地位。

通往富裕和环境退化（environmental degradation）的道路，是以良好的愿景和剥削关系铺就的。在全球变暖加剧、全球经济状况不平等的情况下，我们能否为人类设想一个不走老路的不同未来？虽然承担家庭角色的女性与男性一样剥削了廉价的自然，但在某种程度上，将“女性”排除在资本主义之外的理念仍然是一种文化观念，类似于南希·弗雷泽（Nancy Fraser）提出的“非经济规范性框架”（reservoirs of non-economic normativity）。[60] 这一观念为我们开辟别样的未来带来了希望，如果我们想要发挥出这种潜能，我们一定不要忘记从很多方面而言，女性一直也是问题的一部分。

范妮莎·泰勒

（Vanessa Taylor）

注 释

前 言

1 Haraway, "SF: Science Fiction."

2 McNeill, "Cheap Energy and Ecological Teleconnections," 30.

3 Barca, "Energy, Property and the Industrial Revolution," 1314. For more about the changing direction of energy history, see also Saelens, "Review of *The Path to Sustained Growth*."

4 如 Huber and Jones, *Routes of Power*; Malm, *Fossil Capital*; Johnson, *Carbon Nation*; McNeill and Engelke, *The Great Acceleration*; White, *The Organic Machine*; Barrett and Worden, eds., *Oil Culture*; Huber, *Lifeblood*; and Szeman, et al., eds., *Fueling Culture: 101 Words for Energy and Environment*。能源的新社会生态化使用法促进了人们对社会和文化背景中能源消费和生产变革史中的普遍经验进行比较，如Kander, et al., *Power to the People*; Fouquet, *Heat, Light and Energy*; and Unger and Thistle, *Energy Consumption in Canada*。

5 Energy humanities is a rich and rapidly growing field of study. See for example, Pomeranz, *The Great Divergence*; Ghosh, *The Great Derangement*; Mitchell, *Carbon Democracy*; Agarwal, "Does Women's Proportional Strength Affect Their Participation," 98–112; Massell, *Quebec Hydropolitics*; Waldram, *As Long as the Rivers Run*; and Rubio, "Will Small Energy Consumers Be Faster in Transition?," 50–61.

6 环境史学家们提供了大量的研究资料，记录了开采、加工和运输能源（包括铀、石油和天然气及其副产品）对环境造成的危害，尤其是杀虫剂和肥料，还有对气候变化引起的日渐强烈的担忧和焦虑的研究。如Carson, *Silent Spring*; Zalen, *American Lucifers*; Melosi, *Coping with*

Abundance; and Black, *Petrolia*。一些现代研究还关注了污染的影响，如*Murphy, Sick Building Syndrome and the Problem of Uncertainty*。

7 See for example, Holmes, "Making Masculinity," 39–48.

8 See for example, Clendinning, *Demons of Domesticity*; Goldstein, *Creating Consumers*; Harris, "The South Carolina Home in Black and White," 477–501; Jellison, *Entitled to Power*; and Stage and Vincenti, eds., *Rethinking Home Economics.*

9 See for example, Horowitz and Mohun, *His and Hers*; and Forty, *Objects of Desire.*

10 正如女权主义史学家们所认识到的那样，关于女性是否是有意义的重要分类这个问题，仍有诸多争议。本书认为，性别是一种重要的分析类别，两性在历史中发挥了不同作用。考虑到性别特性，无论是天生的性别还是后天变化的性别，都跟种族、阶层和各种其他身份特性混合在一起。第一章指出，19世纪和20世纪北美和英国的现代化能源变革是在社会性别差异和不平等的背景下发生的，尤其是这一时期"分离领域"的意识形态，以及这种意识形态为女性带来的法律、政治、经济、环境和文化方面的变化。

11 Trentmann, "Getting to Grips with Energy," 8.

12 See for example, Scott and Tilly, *Women, Work and Family*; Kriedte, Medick, and Schlumbohm, *Industrialization before Industrialization*; and Wrigley, *Continuity, Chance and Change.*

13 Landes, *Women and the Public Sphere in the Age of the French Revolution*; Berg, "Women' s Work and Mechanization" ; Lehning, *The Peasants of Marlhes* and *Peasant and French*; Gullickson, *Spinners and Weavers of Auffay*; Accampo, *Industrialization, Family Life and Class Relations*; and Griffin, *Breadwinner.*

14 The ideological foundation of this revaluing of women' s work is explored in Valenze, *The First Industrial Woman*, in the British case, and in the

American case by Boydston, *Home and Work*; Folbre, "The Unproductive Housewife" ; and Nicholson, *Gender and History*.

15 Boydston, "To Earn Her Daily Bread," 13–14; Pennington and Westover, *A Hidden Workforce*; and Newton, *The Feminist Challenge to the Canadian Left*.

16 Forty, *Objects of Desire*, 101.

17 Kelley, "Housekeeping: Shine, Polish, Gloss and Glaze," 94.

18 Sherer, *The Family Friend*, 201–3.

19 "Glasgow International Exhibition," 6.

20 See for example, Callen, "Sexual Division of Labour in the Arts and Crafts Movement" ; Walker, "Women Architects" ; and Parker and Pollock, *The Old Mistresses*.

21 See Gooday, *Domesticating Electricity*.

22 Schwartz Cowan, *More Work for Mother*.

23 Hughes, *Networks of Power*.

第一章　新视角：女性与能源

1 不同地方、不同时代的女性和能源史也需要得到了解。想要从全球环境史视角概览女性和能源话题，请参阅Unger, "Women and Gender", Bina Agarwal, "Re-sounding the Alert: Gender, Resources, and Community Action" and "Does Women' s Proportional Strength Affect Their Participation?" Whittle, "A Critique of Approaches to 'Domestic Work,'" esp. 54–69. Harrison Moore and Sandwell, eds., *Off-Grid Empire*。

2 "能源史就是工业化的秘史", Sieferle, *The Subterranean Forest*, 137。 See also McNeill, "Cheap Energy and Ecological Teleconnections." 想要探讨20世纪90年代以来史学家们对工业革命并不太关注的理由，以及理解18、19世纪时西方女性所起的作用，请参阅"What Difference Did Women' s Work Make to the Industrial Revolution?," 22–3。

3 我们在后文会看到，有许多探讨女性与工业化进程之间关系的文献资料，包括 Tilly and Scott, *Women, Work and Family*; Rose, *Limited Livelihoods*; A. Clark, *The Struggle for the Breeches*; Ross, *Love and Toil*; Lewis, ed., *Labour and Love*; Davidoff and Hall, *Family Fortunes*; and Hudson and Lee, eds., *Women's Work and the Family Economy in Historical Perspective*。

4 Both quotes are from Griffin, *Bread Winner*, 6 and 7 respectively.

5 Davidoff and Hall, *Family Fortunes*, 29. On the failure of Marxism to account for the role of the family in the class struggle, and in the culture of the working class, Jane Humphries' s 1977 article is still one of the best. Humphries, "Class Struggle and the Persistence of the Working Class Family."

6 Nicholson, *Gender and History*, 11.

7 正如Joan Scott发表的知名言论，在这个框架内"除了性别关系本身固有的不平等以外，没有什么能解释权力系统为何如此运作"。对那些想要理解社会中性别不平等背后的原因的人来说，这种观点并不令人满意。J. Scott, "Gender: A Useful Category of Historical Analysis," 1058。

8 Whittle, "A Critique of Approaches to 'Domestic Work'" 36.

9 Griffin, *Bread Winner*, 5。正如格里芬继续说的那样，虽然女性"不太成功"，但她们已经让家庭融入社会主流文化中，而主流文化仍然注重于政治、商业和财富。

10 Whittle, "A Critique of Approaches to 'Domestic Work,'" 70。家庭中财富分配不均衡，尤其是女性获得的薪资低这种情况，自19世纪末期以来就一直受到如Charles Booth 和 B.S. Rowntree这样的社会革命家的关注。到20世纪早期，女性已经在积极揭露这种不平等。史学家们巧妙地利用了很多社会学家的研究，如Maud Pember Reeves, *Round About a Pound a Week*, and Eleanor Rathbone, *The Disinherited Family*。

11 Griffin, Bread Winner, 61。很难找到这样一位研究女性

家庭生活和工作史却没有明确指出这一点的史学家。

12 这些定义出自Greenberg, "Energy Flow in a Changing Economy," 31。关于"能源"一词的定义，人们进行了相当多的探讨，但没有达成共识。请参阅Lindsay, *Energy: Historical Development of a Concept, and Zachmann, "Introduction"*。想要以非常不同的视角研究能源史，请参阅Daggett, *The Birth of Energy*。

13 Crosby, *Children of the Sun*, esp. 6–24.

14 "马力"是一种机器，类似跑步机，两侧有附加装置，马被放在机器上通过不断行走来提供动力。较小的"狗力"也被应用。

15 Greenberg, "Reassessing Power Patterns in the Industrial Revolution," 1245; Smil, "Energy Flows in the Developing World"; Colpitts, "Food Energy and the Expansion of the Canadian Fur Trade"; Wynn, *Canada and Arctic North America*, 113. The expression "endosomatic" is McNeill's, described in *Something New under the Sun*, 11.

16 Miller and Warde, "Energy Transitions as Environmental Events," 466. The authors are describing Warde's "The Hornmoldt Metabolism." Karl Marx alluded to this phenomenon in *Capital*, which was the basis for later work on the metabolic rift. Marx, *Capital*, vol. 3, 949.

17 一些史学家们很关注现代能源的不可见性产生的影响，包括French, *When They Hid the Fire*, and Johnson, *Carbon Nation*。

18 像Manuel Gonzalez de Molina这样的史学家将人类世称作"代谢机制"，其特点是对物质和能量流的逐渐占用，David Christian 则证明了人类能量在长期的一致性，指出人类就跟所有其他有机体一样，都是"反熵机器"。De Molina and Toledo, *The Social Metabolism*, 155, 267–75; Christian, *Maps of Time*, 80. See Sandwell, "An Introduction to Canada's Energy History," for a different approach。

19 史学家们现在正在创作关于能源变革的更为复杂的故事，关于这种英雄必胜和完全男性化的情节的最新表现形式，请参见BBC的三集电视剧*Shock and Awe: The Story of Electricity*。

20 Greenberg, "Energy, Power, and Perceptions of Social Change," 694; Zachmann, "Introduction," 8–22; Barca, "Energy, Property and the Industrial Revolution Narrative." One of the most famous early dystopian visions of what the new kinds of energy would bring was Mary Shelley' s *Frankenstein, or the Modern Prometheus* (published in 1819). For discussions of nineteenth- century energy anxiety and the demonization of coal and steam, and for the "dark side" of electricity narratives in particular, see Gooday, *Domesticating Electricity*, and Simon, *Dark Light*.

21 Toynbee, *The Industrial Revolution*; Ostwald, "The Modern Theory of Energetics," 510–11, cited in Reynolds, *Stronger than a Hundred Men*, 2. For the positive holistic influence of Ostwald' s energetics on environmental awareness, see Tanner, "Thinking with Energy," though she does not mention that women' s activities were "counted" in his more holistic view of the role of energy throughout society. Perhaps most remarkable among the utopian visions of new kinds of energy to transform society is John Adolphus Etzler' s *The Paradise within the Reach of All Men, without Labour, by Powers of Nature and Machinery*, from 1833. He envisioned a world abundantly powered by mostly renewable resources, including arrays of hundreds of mirrors reflecting light from the sun. See also Greenberg, "Energy, Power and Perceptions of Social Change," 694–6.

22 Cottrell, *Energy and Society*, 2. Leslie White was also influential in reiterating these theories, for example in "Energy and the Evolution of Culture" and *The*

Science of Culture, esp. 362–93.

23 Cipolla, *The Economic History of World Population*, 35–6.

24 Merchant, *The Death of Nature*, and *Earthcare*.

25 Bernstein's "On Mother Earth and Earth Mothers" provides a particularly succinct summary of these contemporary debates. See as well, Adams and Gruen, *Ecofeminism*.

26 Debeir, Deléage, and Hemery, *In the Servitude of Power*; Chapman, *Fuel's Paradise*.

27 Notable as early energy histories are Melosi, *Coping with Abundance*; McNeill, *Something New under the Sun*; and Cronon, *Nature's Metropolis*. Williams's *Energy and the Making of Modern California* is perhaps the first book-length environmental and social history of energy, a case study of each kind of energy used in Californian society.

28 On the absence of women in environmental and energy history, see Leach and Green, "Gender and Environmental History"; Haraway, "Anthropocene, Capitalocene, Plantationocene, Chthulucene"; and Unger, "Women and Gender." There have been some important studies of women, health, and the environment. See, for example, D. Scott, ed., *Our Chemical Selves*; and Murphy, *Sick Building Syndrome*.

29 These important social histories of electricity include Hughes, *Networks of Power*; Nye, *Electrifying America*; and Tobey, *Technology as Freedom*. The twenty-first century has given us many more of these environmental social histories, including Mosley, *The Chimney of the World*; Zallen, *American Lucifers*; Sandwell, "The Coal-Oil Lamp"; Johnson, *Carbon Nation*; Adams, *Home Fires*; Hecht, *Being Nuclear*; and K. Brown, *Plutopia*.

30 For an exception to this generalization, see Zimring, *Aluminum Upcycled*.

31 For recent critiques of cultural constructionist

interpretations of "nature," see Malm, *The Progress of This Storm*, 21–43; and LeCain, *The Matter of History*. Daggett, *The Birth of Energy*, provides a good example of the constructionist approach.

32 感谢Steve Penfold明确解释了这些特征：消费时能源的近乎隐形或完全隐形；粗暴生产/开采；集中化、等级化管理（无论是公有还是私有）；廉价、快速且庞大的交通通信系统；新能源广泛融入到社会、经济和政治生活的各方面；几乎完全依靠非人力能源。

33 一些能源史学家对占主导地位的胜利主义观念提出了严厉批评。如Fouquet and Pearson, "Seven Centuries of Energy Services"; Fouquet, "The Slow Search for Solutions"; and Fouquet and Broadberry, "Seven Centuries of European Economic Growth and Decline。

34 Wrigley, "The Supply of Raw Materials in the Industrial Revolution"; Wrigley, *Energy and the English Industrial Revolution*; Wrigley, *The Path to Sustained Growth*.

35 Saelens, "Review of *The Path to Sustained Growth*."

36 For a critical analysis of the ideology behind constructing capitalist industrialization as a "release" of "natural constraints," see Wood, *The Origin of Capitalism*.

37 Malm, *Fossil Capital*, 24.

38 剑桥大学小组的研究工作很重要，请参阅Laslett, *The World We Have Lost*; Wrigley, *Continuity, Chance and Change; and Levine, Reproducing Families*。

39 Some classic works include Pinchbeck, *Women Workers and the Industrial Revolution*; Hewitt, *Wives and Mothers in Victorian Industry*; Berg, *The Age of Manufactures*; Tilly and Scott, *Women, Work and Family*; Reddy, *The Rise of Market Culture*; Valenze, *The First Industrial Woman*; and Hudson and Lee, eds., *Women's Work*. Detailed case studies documenting the value of women ' s labour to the process of proto-industrialization and full industrialization include Gullickson, *The Spinners and Weavers of*

Auffay; Lehning, *The Peasants of Marlhes*; Accampo, *Industrialization, Family Life and Class Relations*; and Gray, "Rural Industry and Uneven Development." For critical summaries of this literature, see Clark, *The Struggle for the Breeches*; Hartman, *The Household and the Making of History*; Whittle, "A Critique of Approaches to 'Domestic Work'" ; and Berg, "What Difference Did Women' s Work Make to the Industrial Revolution?," 26.

40 关于蒸汽动力的有限作用，以及人口和传统劳动力在19世纪20年代前"勤劳革命"中的飞速增长，请参阅de Vries, *The Industrious Revolution*; Greenberg "Reassessing Power Patterns of the Industrial Revolution," esp. 1241; and Samuel, "Workshop of the World." 关于更宽泛的欧洲环境的探讨，请参阅Kriedte, Medick, and Schlumbohm, *Industrialization before Industrialization*。

41 Tilly and Scott, *Women, Work and Family*, 1.

42 Gray, "Rural Industry and Uneven Development." For a synthetic overview of gender, women' s labour, and domestic work, see Whittle, "A Critique of Approaches to 'Domestic Work'" ; and Horrell and Humphries, "The Origins and Expansion of the Male Breadwinner Family."

43 Sieferle, *The Subterranean Forest*, 137. Also quoted by Wrigley, *The Path to Sustained Growth*, 31.

44 Jones, "The Carbon-Consuming Home." On the importance of coal to household practices, see R. Allen, *The British Industrial Revolution in Global Perspective*; H. Harris, "Conquering Winter" ; S. Adams, *Home Fires*; Mosley, *The Chimney of the World*; Cavert, *The Smoke of London*; Malm, *Fossil Capital*; and Brewer, *From Fireplace to Cookstove.*

45 Barca, "Energy, Property and the Industrial Revolution Narrative," 1309.

46 出处同上，第1310页。关于经典经济理论在识别能源本身作为值得经济学家关注的事物方面的局限性，请参阅Kander, Malanima, and Warde, Power to the People。

47 现在，越来越多的学者开始关注工业革命对西方社会大众的健康影响，相关内容请参阅Floud, et al., *The Changing Body*; and White, *The Republic for Which It Stands*, chapter 3, "Dying for Progress"。

48 Malm, *Fossil Capital*, 6.

49 Malm指出，维持生计的手段很重要，直到19世纪，其与工资对于一个家庭而言都非常重要。从这方面而言，女性工作的重要性只得到了暗示而没有明确点出。Malm, *Fossil Capital*, 137–8. Women are mentioned twice in the index: "work in mines" and "work in factories" (both references to page 238)。

50 Tilly and Scott, *Women, Work and Family*; A. Clark, *The Struggle for the Breeches*; Valenze, *The First Industrial Woman*; and Berg, "What Difference Did Women's Work Make to the Industrial Revolution?" 这些作品的作者都认为，性别差异过大是工业化时代早期的主要特征之一。关于女性对工厂劳动的反思，请参阅Griffin, *Bread Winner*, 42–52。

51 文献资料记录了工人对早期工厂的反应，如 Thompson, *The Making of the English Working Class*; Reddy, *The Rise of Market Culture*; Mosley, *The Chimney of the World*; Malm, *Fossil Capital*; Montrie, *Making a Living*; Griffin, *Bread Winner*。

52 Tilly and Scott, *Women, Work and Family*; Hewitt, *Wives and Mothers in Victorian Industry*; Griffin, *Bread Winner.*

53 Valenze, *The First Industrial Woman*, 3。有很多文献资料考察了19世纪时欧洲和北美的工业化城市中的婴儿高死亡率的原因和现象。如 A. Clark, *The Struggle for the Breeches*。关于对女性的家务劳动和有偿工作之间越来越大的冲突的讨论，以及关于19世纪末母亲的工作与种族主义观念之间冲突的探讨，请参阅Davin, "Imperialism and Motherhood"。

54 Hewitt指出，由于强调女性的道德而不关注女性工作及贫困问题，改革者们遭到了反对和排斥。Hewitt, *Wives and Mothers in Victorian Industry*。史学家们记录了过去百年及更久远的岁月中极糟糕的生活条件，请参阅 Floud, et al., *The Changing Body*。

55 Thompson, *The Making of the English Working Class*; Malm, *Fossil Capital*; Andrews, *Killing for Coal*; Mitchell, *Carbon Democracy*; Johnson, *Carbon Nation*.

56 Pinchbeck, *Women Workers and the Industrial Revolution*, 2。关于低薪对工薪阶层女性工作、独立性以及贫穷对她们生活的影响，请参阅 Griffin, *Bread Winner*, esp. 51–61。关于低薪与女性工厂工作的劳动强度，请参阅 Berg, "What Difference Did Women' s Work Make to the Industrial Revolution?"

57 Valenze, *The First Industrial Woman*; Boydston, *Home and Work*; Malm, *Fossil Capital*.

58 Clark, *The Struggle for the Breeches*, esp. chapter 7, "The Struggle over the Gender Division of Labour, 1760–1826," 139; Scott, J., *Gender and the Politics of History*; Griffin, *Bread Winner*.

59 See, for example, Gray, "Factory Legislation and the Gendering of Jobs in the North of England" ; Rose, *Limited Livelihoods*; and Backhouse, *Petticoats and Prejudice*.

60 "二元经济" 理论认为，资本主义的某些结构性特征规定了女性在工作场所从事的劳动类型。Stewart, *Women, Work and the French State*。关于18世纪、19世纪女性劳动力地位越来越低的情况，请参阅Boydston, *Home and Work*; and Schwartz Cowan, *More Work for Mother*, Griffin, *Bread Winner*。

61 关于20世纪六七十年代将女性视作合法的史学研究对象的历程，请参阅Lerner, *Living with History/Making Social Change*。

62 如 Baillargeon, *Making Do*; Luxton, *More than a Labour of Love*; Hagemann and Roll-Hansen, *Twentieth-Century Housewives*; Strong-Boag, *The New Day Recalled*; Clear, *Women of the House*; Ross, *Love and Toil*; Lewis, ed.,

Labour and Love; and Parr, *Domestic Goods*。史学家们一直在重新评估19世纪末和20世纪时女性为改善家庭健康的状况，以及在面对传染性疾病和环境污染物时所做的清洁和卫生劳动。女性的特定责任让她们成为塑造家庭结构的重要参与者，并影响了快速发展的城市的构建设计。A. Adams, *Architecture in the Family Way*; Kiechle, *The Smell Detectives*; Tomes, *The Gospel of Germs*. Hayden, *The Grand Domestic Revolution*。

63 在美国同样如此，对家庭供暖的需求推动了最初无烟煤的开采和运输，降低了煤炭成本，后来煤炭也成了工业领域所热衷的木材替代品。Jones, "The Carbon-Consuming Home"; Sandwell, "People, Place and Power"; Mosley, *The Chimney of the World*, 18–19; R. Allen, "The Shift to Coal," 12; Cavert, *The Smoke of London*; Malm, *Fossil Capital*。Wrigley发现，1700年时的伦敦，家庭之中已经完全用煤炭代替了木材用于供热和烹饪，促进了有偿劳动、制造和运输行业的发展以及城市的消费活动，从而导致了经济增长。Wrigley, *The Path to Sustained Growth*, 17。

64 Sandwell, "The Emergence of Modern Lighting in Canada"; O'Dea, *The Social History of Lighting*; Eckirch, *At Day's Close*.

65 Goldstein, *Creating Consumers*; Tobey, *Technology as Freedom*; Nye, *Electrifying America*; Clendinning, *Demons of Domesticity*; Sandwell, "Pedagogies of the Unimpressed."

66 虽然从19世纪中期开始，越来越多的熟食可以在大城市中买到了，但研究表明，直到20世纪中期，大多数食材仍然是"家庭"自己准备并消费的。Iacovetta, et al., *Edible Histories, Cultural Politics*; and in the British, Griffin, *Bread Winner*。

67 Shove and Walker, "What Is Energy For?" See, for example, research and publications associated with the Material Cultures of Energy project, http:// www.bbk.ac.uk/mce; and Trentmann, ed., *The Making of the Consumer*.

68 我们可以清楚地从如下作品中看到，女性的活动深深融入了环境史之中：Nash, *Inescapable Ecologies*; Valencius, *The Health of the Country*; and Montrie, *Making a Living*. On the importance of health in discussions of industrialization, see White, R., "Dying for Progress"; and Floud, et al., *The Changing Body*。

69 Important exceptions include Gooday, *Domesticating Electricity*; Jones, "The Carbon-Consuming Home"; and Harrison Moore and Sandwell, eds., *Off-Grid Empire*.

70 Lewis, ed., *Labour and Love,* "Introduction." 在她1986年的名作"Gender: A Useful Category of Historical Analysis"中，Joan Scott明确提出了将性别作为分析类别的必要性。有很多研究验证了工业化时代支配性的男性气概的能力，如Sarti, ed., "Men at Home"; and Huebel, *Fighter, Worker, and Family Man*。

71 See McGraw, "No Passive Victims, No Separate Spheres."

72 Sandwell, "The Limits of Liberalism," 429.

73 关于女性在建筑业、家庭经济、卫生和劳动方面的改革倡议，请参阅Hayden, *The Grand Domestic Revolution*; Sandwell, "Pedagogies of the Unimpressed"; Tomes, *The Gospel of Germs*; and Hewitt, *Wives and Mothers in Victorian Industry*。

74 这不是要否认自19世纪以来就一直存在的养家糊口模式中的不平等和压迫，对于其该现象的批评，请参阅Friedan, *The Feminine Mystique*。21世纪（因为新冠疫情而加剧）见证了一种新的浪漫主义风潮兴起：对家庭生活和女性"传统"劳动新一轮的颂扬。Jennifer Bernstein，"On Mother Earth and Earth Mothers."

75 大多数史学家都接受了《为母亲提供更多工作》一书中的建议，即现代家电通过提高标准增加了女性的家务负担。正如本书提出的，现在是重新评估女性在家庭中能源劳动的价值的时候了。根据一项美国调查，Emanuela Cardia发现20世纪中叶女性是否参与劳动跟她们家中是否有现代家电有关，最主要的是家中是否有自来水。Cardia, "Household Technology." Bernstein、Bowen和Elliott提醒我们，这些家务并没有因为现代能源的出现而完全消失，它们仍然给穷人带来了沉重的负担。Bernstein, “On Mother Earth and Earth Mothers”; Bowen and Elliott, “Joy of Cooking?”

76 Whittle, “A Critique of Approaches to ‘Domestic Work,’” 54.

77 Fraser, “Behind Marx’s Hidden Abode,” 56.

78 Ibid., 57–8.

79 在这一点上她与Illich不一样，Illich认为，在现代资本主义社会中，“家庭主妇”这个角色没有有意义的经历体验。Illich, *Shadow Work*。

第二章　在照明史中寻找女性：英国家庭中的蜡烛

1 介绍英国照明史的重要作品包括 O’Dea, *The Social History of Lighting (1958)*; Schivelbusch, *Disenchanted Night*; and Bowers, *Lengthening the Day*。关于19世纪的记录，请参阅*Accum, A Practical Treatise on Gas-Light*，关于地理范围更广泛、历史跨度更长的记录，请参阅 d’Allemagne, *Histoire du Luminaire*。

2 See Robert Browning’s poem “Meeting at Night” (1845), and Briggs, *Victorian Things*, 45, 50, 69, 179.

3 Nead, *Victorian Babylon*, 92–3.

4 Fouquet and Pearson, “Seven Centuries of Energy Services,” 139–77. For a recent account of vegetable fat, and “ghost acres,” see Robins, “Oil Boom,” 313.

5 O’Dea took ten years to write *The Social History of Lighting*, based on the collection. He outlined the various substances used to fuel light and to make candles (213–20).

6 “Multiple Classified Advertising Items” Illustrated London News, issue 86 (23 December 1843): 415.

7 “Fire – Destruction of Messrs. [ill] Candle Manufactory,” *Derby Mercury*, 25 November 1846.

8 *Times*, 30 June 1837, 6, col. B; *Times* 9 November 1837, 3, col. E; Bowers, *Lengthening the Day*, 20.

9 *Times*, 14 November 1873, 10, col. F.

10 *Times*, 7 March 1889, 3, col. A.

11 *Times*, 9 November 1837, and 14 November 1873.

12 See figures regarding "Price' s Patent Candle Company Limited," *Liverpool Mercury*, 22 March 1884.

13 *Times*, 23 January 1873, 10, col. F. The company' s candle exports valued ￡132,658 in 1870, ￡180,548 in 1871, and ￡223,452 in 1872.

14 每种照明方式都有不同的社会和文化意义，通常与帝国的野心有关。请参阅Sayer, "Atkinson Grimshaw, Reflections on the Thames (1880)," 17–19。

15 See Accum, *A Practical Treatise on Gas-Light*; as well as Alglave and Boulard, *La lumière électrique*.

16 案例研究请参阅Otter, *The Victorian Eye*; and Gooday, *Domesticating Electricity*。这一时期关于照明的意义和使用，与照明和光源有关的物质商品的生产，以及能源开采的建筑空间的修建，请参阅Briggs, *Victorian Things*; and Nead, *Victorian Babylon*。

17 Falkus, "The Early Development of the British Gas Industry," 218–19.

18 Schivelbusch, *Disenchanted Night*, 28.

19 Nead, *Victorian Babylon*, 103.

20 Ibid., 103.

21 Schivelbusch, *Disenchanted Night*, 29.

22 Nead, *Victorian Babylon*, 103.

23 Romines, The Home Plot.

24 Sunlight Year Book, 301–2.

25 *Sunlight Year Book*, 1898, 382, 383.

26 Hall, *White, Male and Middle Class*, 1–2.

27 Kiechle, *Smell Detectives,* 78–80, 146–7.

28 Scharff, "Introduction" in Seeing Nature through Gender, xiii.

29 Haraway, "Anthropocene, Capitalocene, Plantationocene, Chthulucene."

30 Stephenson, "Sustainability Cultures and Energy Research."

31 Collier, "The Woman's Labour." Duck's poem was originally published in 1730.

32 弗洛伦斯·南丁格尔之所以被称为"提灯女神"，是因为这个短语的宗教内涵，也因为她需要便携、柔和的灯光来看护病房里的伤患。请参阅Pollard, *Florence Nightingale*, frontispiece, and 99。

33 Schwartz Cowan, *More Work for Mother*, xv–xvi.

34 雇用男仆是一种社会地位高的象征，因为这需要向男仆支付工资，也需要纳税。大部分中产阶级家庭会雇用一到两个女仆；更富有一些的还会雇一个女厨师和一位女帮厨，只有境况较好的家庭才会雇用一个男仆。关于最早的家庭服务史，请参阅Marshall, *The English Domestic Servant in History*；McBride, *The Domestic Revolution and Sharpe, Adapting to Capitalism*。其他请参阅 Chambers's Information for the People, 647–9；Schwartz Cowan, *More Work for Mother*。

35 *Old Bailey Proceedings Online*, February 1830, trial of Elizabeth Hallick.

36 The Farmer's Magazine series (1835), 350 and 272; (1845), 517; and "Precautions as to Fire," Chambers's Information for the People, vol. 2, 644.

37 Beeton, Mrs. Beeton's Household Management, 1780.

38 *Enquire Within upon Everything*, preface, iv, and paras. 24, 26, 36, and 104.

39 *The Sunlight Year Book*, 1898, 354, 380.

40 William Cobbett和George Baldry在各自的作品中回忆了女性亲属制造蜡烛的过程：Cobbett, *Cottage Economy*, 144–5；Baldry, *The Rabbit Skin Cap*, 37。

41 "菲尔德和蔡尔兹"是"克拉克"夜灯和装饰小彩灯的竞争对手。

42 *Enquire Within upon Everything*, para. 1001, 158.

43 Tegetmeier, *A Manual of Domestic Economy*, 39.

44 Ibid., 38; Accum, *A Practical Treatise on Gas-light*, 66–76; Fouquet and Pearson, "Seven Centuries of Energy Services," 174–5.

45 Brontë, *The Tenant of Wildfell Hall*, 275.

46 Gaskell, *Cranford*, 112–13, 118.

47 "The Case of Candle-Stealing by a Lady," *Daily News*, 4 October 1856. "Letter to the Editor" of the *Daily News* (by "the prosecutor in the case," i.e., the tradesman from whom she stole).

48 出处同上。嫌犯据说在一家食品杂货店也干过同样的勾当。

49 Accum, *A Practical Treatise on Gas-Light*, 18–21.

50 Accum cites "Mr Nicholson, 'Philosophical Journal,' 4th series, vol. 1, 70." *A Practical Treatise on Gas-Light.*

51 Tegetmeier, *A Manual of Domestic Economy*, 37. Tegetmeier explains, by way of analogy: "The fat is first melted, ··· [at] the centre of the flame ··· it is, by the high temperature, converted into gas, which, burning in the air, produces a flame, so that a candle is in reality a portable gas-lamp, manufacturing the gas as it is consumed."

52 Ibid., preface.

53 Falkus, "The Early Development of the British Gas Industry," 217–19.

54 *Times*, 4 October 1839, 3, col. F.

55 这里我们能看到光能消费与更广泛的问题之间的联系。英国捕鲸船队被视为水手的训练基地，随着鲸油需求的增加，英国政府鼓励鲸油贸易。1750年，政府将赏金翻倍。美国革命期间，英国海军骚扰了美国捕鲸者。战后，政府提高了关税以保护英国工业的发展。在法国战争结束后，水手的训练需求明显减少，因此，赏金于1824年被取消。 Davis, Gallman, and Hutchins, "The Decline of US Whaling," 569–70, 584–6; Bowers, *Lengthening the Day*, 20。

56 参见19世纪由大伦敦城的福尔克和斯塔特曼公司制造的蜡烛阅读灯。

57 *Times* 5 January 1836, 3 col. A.; *Times* 5 January 1836, 3 col. A.; *Times* 1 February 1851, 3, col. F.; Inspector-General of Imports and Exports, e.g. "Mr Collier –

Return of the Quantities of Linseed, Corn, Hemp, Flax, or Tallow Imported during the Year 1854, into the United Kingdom, from the Black Sea···," 9 March 1855 (Merl Pamphlet 4822 Box 1/11). The history of the British Tallow trade, i.e. imports as recorded by the Board of Trade during the nineteenth century, has been discussed recently by Jim Clifford re the soap trade. See Clifford "London' s Soap Industry"; Fouquet and Pearson, "Seven Centuries of Energy Services"; and Robins, "Oil Boom."

第三章　女性、焦虑和化石燃料：家庭成了危险的空间

1 See, for example, Parr, *Domestic Goods*; Schwartz Cowan, *More Work for Mother* and "The Consumption Junction"; Gooday, *Domesticating Electricity*; and Goldstein, *Creating Consumers*.

2 Sandwell, "Pedagogies of the Unimpressed," and in Britain, Gooday, Domesticating Electricity.

3 Rachel Plotnick "At the Interface," 838. See as well, Clendinning, "Deft Fingers and Persuasive Eloquence," and Sandwell, "Pedagogies of the Unimpressed."

4 Tarr, "Housewives as Home Safety Managers," 200.

5 "边界"这个词出自Rachel Plotnick对人类第一次使用电力能源经历的探讨。Plotnick, "At the Interface."

6 这里没有讨论主妇们的另一大焦虑来源：从1910年到1939年，汽车给孩子们带来的危险。请参阅Zelizer, *Pricing the Priceless Child*。

7 关于对能源危险和焦虑的其他理解，请参阅 Zallen, *American Lucifers*; Simon, *Dark Light*; and Hunt, "Anxiety and Social Explanation." 环境史学家们正在关注化石燃料消费长期以来对人类健康产生的直接和间接影响。请参阅Floud, et al., eds., *The Changing Body*。

8 请 参 阅 Christopher *LaschHaven in a Heartless World:*

The Family Besieged。这本书是对现代化家庭最早的文化批判著作之一。

9 Boydston, *Home and Work*; Parr, "What Makes Washday Less Blue?" ; Schwartz Cowan, "The Consumption Junction" and *More Work for Mother*; Sandwell, "Pedagogies of the Unimpressed" ; Davidoff and Hall, *Family Fortunes*; Strasser, *Never Done*.

10 See, for example, Melosi, *The Sanitary City*; Tomes, *The Gospel of Germs*; and Kiechle, *Smell Detectives*. For the British case, see, for example, Luckin, "Revisiting the Idea of Degeneration in Urban Britain, 1830–1900."

11 Tomes, "The Private Side of Public Health." On "house disease" in Britain, see Adams, *Architecture in the Family Way*.

12 Tarr, "Housewives as Home Safety Managers," 200.

13 Tomes, "The Private Side of Public Health," 510.

14 These are nicely summarized in Tomes, *The Gospel of Germs*; Kiechle, *Smell Detectives*; and Strasser, *Never Done*.

15 Goldstein, Creating Consumers. The essays in Stage and Vincenti, eds., Rethinking Home Economics.

16 Sandwell, "Pedagogies of the Unimpressed" ; Tobey, Technology as Freedom.

17 For an overview of the triumphalist narrative in the British case, see for example, Luckin, *Questions of Power*; for the Canadian, Parr, "Modern Kitchen, Good Home, Strong Nation" ; and Sandwell, "Pedagogies of the Unimpressed" ; and the American, Kline, "Agents of Modernity" and Jellison, *Entitled to Power*.

18 Gooday, *Domesticating Electricity*, 5, 6; Sandwell, "Pedagogies of the Unimpressed."

19 Tarr, "Housewives as Home Safety Managers."

20 "Why Kerosene Lamps Explode," *Globe* [Toronto], 4 September 1882, 3.

21 "How to Overcome Fear of Electric Wringer," *Globe*, 3 September 1920, 12.

22 Comment, *London Advertiser*, 20 July 1880, reprinted from the *New York Tribune*, nd.

23 Beynon, "Women' s Clubs," 25 ; Parr, Domestic Goods, 205–6.

24 See as well, Sandwell, "The Coal-Oil Lamp."

25 Sandwell, *Heat, Light and Work*, interview no. 3.8.

26 Hammond, *The Electric Light in Our Homes*, 59–60.

27 For the dangers of exploding camphene, see Williamson and Daum, *The American Petroleum Industry*, vol. 1, 47–8; and O' Dea, *The Social History of Lighting*, 56. For the best history to date of camphene lighting, see Zallen, *American Lucifers*, chapter 2, "Piney Lights," 57–93.

28 For an overview of the dangers of kerosene lamps, see Wlasiuk, *Refining Nature*, 44–8. See also, for example, *London Advertiser* [Ontario], 28 May 1880; *London Advertiser*, 20 July 1880; and "The Kerosene Lamp: The Panic and Disaster that Followed the Upsetting," *Globe*, 24 November 1885.

29 1941年，加拿大约80%的农村家庭使用煤油灯，加拿大全国约有31%的家庭使用煤油灯。Sandwell, "The Coal-Oil Lamp," 196–7。

30 Wlasiuk, *Refining Nature*, 46–7.

31 Thomson and Redwood, *The Petroleum Lamp*, 52–4.

32 "Fires on the Farm," in *Monetary Times, Trade Review and Insurance Chronicle*, 1855.

33 *Scientific American* 42, no. 7 (1880): 102.

34 Tarr, "Housewives as Home Safety Managers," 208.

35 出处同上，第209页。正如Tarr指出的那样，国家安全委员会于1914年在美国成立，但它关注的几乎都是行业安全和汽车事故问题，直到1940年家庭安全逐渐引起人们重视时，委员会才开始关注这一问题。

36 Harris, "Conquering Winter," 41; Harris, "Inventing the US Stove Industry" ; MacDonald, "How the Cooking Stove Transformed the Kitchen," 5; Brewer,

From Fireplace to Cookstove, 170.

37 "Fires on the Farm" and "Our Fire Appliances" in *Monetary Times, Trade Review and Insurance Chronicle* 28, no. 42 (19 April 1895): 1855.

38 Sandwell, *Heat, Light and Work* interview, no. 4.7. See also Kathleen Tobin interview, "Behind the Kitchen Door Project," File 4008:0014, British Columbia Archives.

39 Sandwell, *Heat, Light and Work* interview, no. 1.8

40 Ibid., interview, no. 4.5

41 "Why Kerosene Lamps Explode," *Globe*, 4 September 1882, 3.

42 British Columbia Electric Co., *A Chat on Electricity*, [c. 1904], Royal British Columbia Archives and Library, nWp 971.91, B863.

43 See for example, *London Advertiser*, 28 May 1880; "Waterloo, Burned to a Crisp," Toronto *Globe*, 7 December 1880, 8; 10 February 1882.

44 Interview with Elizabeth Rogers, "Behind the Kitchen Door Project," file T4088:006, 007, British Columbia Archives.

45 *London Advertiser*, 28 May 1880; *Edmonton Bulletin*, July 22 1910, 2; *Edmonton Bulletin*, 30 March 1912, 1; *Edmonton Bulletin*, 17 July 1913, 8; *Edmonton Bulletin*, 16 August 1916; *Edmonton Bulletin*, 23 October 1908; *Wetaskiwin Times*, 15 December 1921, 1. See also, "As Usual," *Edmonton Bulletin*, 30 May 1907, 1.

46 *Calgary Weekly Herald*, 25 May 1899, 4.

47 *The Lamp*, September 1918, 24.

48 "Fires on the Farm" and "Our Fire Appliances" in the *Monetary Times, Trade Review and Insurance Chronicle* 28, no. 42 (19 April 1895), 1855.

49 Greer, *Foods and Homemaking*, 180.

50 E. Allen, *Mechanical Devices in the Home*, 31.

51 Ibid., 32–5

52 Ibid., 36.

53 J.H. Harris, "Inventing the US Stove Industry."

54 T.M. Clark, *The Care of a House*, 46–7.

55 *New York Times*, 27 December 1870, 2, cited in Brewer, *From Fireplace to Cookstove*, 170.

56 T.M. Clark, *The Care of a House*, 190–1.

57 出处同上，第190页。相关案例详情请参阅多伦多Globe相关报道。

58 E. Allen, *Mechanical Devices in the Home*, 26.

59 See, for example, *World* [Toronto], 22 January 1884; 2 December 1884; 20 May 1885; 2 January 1886; 3 April 1886; 12 November 1886, and 3 January 1918.

60 Clendinning, "Deft Fingers and Persuasive Eloquence".

61 E. Allen, *Mechanical Devices in the Home*, 26.

62 Clendinning, "Deft Fingers and Persuasive Eloquence," 509.

63 Ibid., 502.

64 Ibid., 509.

65 Valencius, *The Health of the Country*, 12. For environmental historians' confirmation of these relationships, see Floud, et al., eds., *The Changing Body*.

66 Kiechle, *Smell Detectives*, 15.

67 Kiechle, "Navigating by Nose," 764. On early responses to oil and gas pollution, see Rosen, "Knowing Industrial Pollution" ; and Mosley, *Chimney of the World*.

68 Mathias, "Leaves from an Inspector's Note Book," 563.

69 Shutt, "The Air of Our Houses," *Ottawa Naturalist* 7, no. 2 (May 1893): 30.

70 For a discussion of the ways in which this intersected with architecture, see A. Adams, *Architecture in the Family Way*; and with air conditioning, see G. Cooper, *Air-Conditioning America*.

71 Robert Allen "The Shift to Coal," 13–14.

72 关于烧煤维持日常生活的影响的探讨，请参阅 Mosley, *The Chimney of the World*。Mosley提出的关键问题是，考虑到19世纪时生活在烟雾之中对人们产生的巨大的负面影响，当时为什么没有进行更多减少烟雾的尝试？

73 Gooday, *Domesticating Electricity*.

74 过去，许多工业事故都出自天然气行业。请参阅 *Intercolonial Gas Journal of Canada* 16, no. 3 (March 1923)，其中记录了10个死于一氧化碳中毒的人。Sandwell, *Heat, Light and Work in Home*, interview no. 1.8。

75 Clendinning, "Deft Fingers and Persuasive Eloquence," 504.

76 "Chimneys for Gas Stoves," *World*, 9 June 1884; "The Sale of Gas for Illumination by R.F. Pierce," *Gas Industry: Heat, Light, Power* 13, no. 1 (1913): 64–5. The gas companies blamed the competing electricity industry for spreading false health rumours about the dangers of gas.

77 Hammond, *The Electric Light in Our Homes*, 45.

78 Mathias, "Leaves from an Inspector' s Note Book," 563.

79 T.M. Clark, *The Care of the House*, 194.

80 Shutt, "The Air of Our Houses," 27–8.

81 Ibid., 29–30; "Bed-room Ventilation," *Sanitary Journal* 1, no. 3 (November 1874): 87–8.

82 Shutt, "The Air of Our Houses," 27–8.

83 "School Room Ventilation," *School Magazine*, September–October 1881, 232.

84 "School House Ventilation," *Sanitary Journal* 1, no. 2 (September 1874): 57.

85 Ibid.

86 "Facts and Figures," *Sanitary Journal* 1, no. 2 (September 1874): 60–1.

87 Ibid.

88 Baker, *Artificial Warmth and Ventilation*.

89 Beecher and Beecher Stowe, *The American Woman's Home*, 62.

90 Ibid., 53, 62. Emphasis in the original.

91 Ibid., 47, 35.

92 "Carbonic Acid and Its Fatal Effects," by W.H. Thayer, Sanitary Journal 1, no. 4 (January 1875): 101–3.

93 Beecher and Beecher Stowe, *The American Woman's Home*, 36.

94 Canadian Pharmaceutical Journal 1, no. 7 (November 1868): 106.

95 Ibid.

96 Mathias, "Leaves from an Inspector' s Note Book," 563.

97 Fraser, "Behind Marx' s Hidden Abode."

98 "Air Pollution Is the 'New Tobacco,' Warns WHo Head," *Guardian*, 27 October 2018.

99 Mosley' s *The Chimney of the World* provides an excellent cultural history of why there was so little political opposition to intense coal smoke pollution in nineteenth-century Manchester. As other authors in this collection argue, this was not universally the case.

100 "Air Pollution Is the 'New Tobacco,' Warns WHo Head," *Guardian*, 27 October 2018.

第四章 家庭供电：女性的矛盾心理和使用指南

1 请参阅Langland, *Nobody's Angels*，了解关于19世纪时中产阶级女性在家里的职责改变的探讨。

2 Haweis, *The Art of Decoration*, 2.

3 维多利亚时期社会上普遍认为的主管灶台的天使，实际上发挥了比人们通常认为的更重要、更广泛的经济和政治功能。当时，主流的意识形态将家视为避风港，是私人化的领域，与公众化的商业领域相对立。实际上，家以及家中的女主人是男人商业活动的重要助手。男人赚钱，而女人肩负着管理这些钱以获得经济和政治地位的重要任务。Langland, *Nobody's Angels*, 8. See also, Davidoff and Hall, *Family Fortunes*.

4 B. Smith, "Havens No More," 100.

5 See, for example, Ehrenreich and English, *For Her Own Good*.

6 《装潢之艺》于1881年首次出版时，封面和扉页的署名都不是玛丽·伊莱莎·霍伊斯，而是H. R.霍伊斯夫人。

根据维多利亚时期的传统，已婚女性都以丈夫姓名为名，因此本章我一直都是以霍伊斯夫人这个头衔来称呼她。而艾格尼斯·加勒特和罗达·加勒特就不一样，她们是未婚女性，因此都使用原名。虽然在这部分内容中我使用“夫人”的称谓，但这并不意味着我赞成这种过时的传统。相反，这恰好体现了我们在本书中探讨的女性身份的矛盾和问题。

7 Garrett and Garrett, *Suggestions for House Decoration*, 28.

8 C. Edwards, “Establishing Stability,” 49.

9 Christopher Dresser, in *Studies in Design*, pointed out that “the decoration of a room is as much bound by laws and by knowledge as the treatment of a disease,” 39.

10 Garrett and Garrett, *Suggestions for House Decoration*, 9–10.

11 See, for example, Joy Parr on male salesmen and their bullying tactics when advising women on their electrical purchases in 1940s Canada: “Shopping for a Good Stove,” 75–97.

12 See SPAB Blog, “Women in Conservation: House of Garrett.”

13 Ibid.

14 Crawford, “Spirited Women of Gower Street,” 3.

15 Ibid., 3–4.

16 这里我们见到的许多女性作者都是以她们丈夫的姓名来署名的。Emma Ferry就指出了已婚女性称谓规则的性别化传统问题，尤其是在她关于 Lucy Faulkner，也就是奥林史密斯夫人的作品中。Ferry认为，虽然与她的妹妹、手工艺设计师Kate Faulkner相比，Lucy Faulkner并不出名，但Ferry认为：“她的知名度之所以不高，是因为她结婚了并且改了名字。”（“The Other Miss Faulkner” 5）她引用了Deborah Cherry关于女性在“作品署名”上遇到的难题的观点：“那些已婚女士必须改姓，并用第二个或第三个名字重新在自己的职业中署名。”（Cherry, *Beyond the Frame*, 157）。讽刺的是，虽然简·艾伦·潘顿在自己的书中按照了更传统的观念去看待女性在家里的地位，但她的署名就是简·艾伦·潘顿，只有姓氏随夫，而且没有加“夫人”这个头衔。

17 “令人惊讶的是，几乎没有介绍加勒特姐妹的作品。英国皇家建筑师协会图书馆里收藏的罗达·加勒特的自传中只有摘录自《建筑师》发布的她的讣告照片。” Ferry, “Decorators May Be Compared to Doctors,” 17。结果，她们经常被后人误解。例如，Asa Briggs在*Victorian Things*中声称，加勒特姐妹的著作是跟Owen Jones合著的，后者过世于著作出版之前的1874年（出处同上）。Elizabeth Crawford也出版了介绍加勒特一家的重要作品，包括她的专著*Enterprising Women*。

18 “The Glasgow International Exhibition: Industrial Art: Women’s Arts and Industries,” *Art Journal*, December 1888, 6.

19 19世纪后半叶，女权主义对中产阶级女性就业的关注与建筑行业和已婚女性权利运动相关，最终导致了1870年《已婚妇女财产法》（*Married Women’s Property Acts*）的出台以及1882年修订法案的出台。法案出台之前，根据通行的法规，已婚女性的财产收入和继承的财产都属于她们的丈夫。建筑师经常因为合同条款而遭到起诉，而根据通行法规，已婚女性不得自行签订合同或被起诉，因此她们也免于承担建筑行业的职业责任。因此，“由于已婚女性是她们丈夫的虚拟财产，所以她们不会也不能以附属物的设计师的职业身份采取行动——因为附属物不能设计附属物”。1882年修订的法案消除了这一障碍，对女性进入建筑行业具有特别重要的意义。19世纪90年代初，Richard Norman Shaw和William Lethaby等建筑师提出，建筑是一门艺术，而不是一种行业。在1887年和1891年的行业调查中，建筑师的分类从“工业职业”变成了“艺术家”类的职业。如果建筑是一门艺术，而艺术又是适合女性的领域，那么建筑师也是适合女性的职业。1898年，Ethel Mary Charles成为英国皇家建筑师协会自建立60年以来的第一位女性会员。Walker, “Women Architects,” 96。

20 “Glasgow International Exhibition,” 6.

21 Forty, *Objects of Desire*, 105.

22 Conway, *Travels in South Kensington*, 169, quoted in Crawford, *Enterprising Women*, 170.

23 Conway, in his 1904 *Autobiography* (vol. 1., published by Cassell and Co.), 403, quoted in Ferry, "Decorators May Be Compared to Doctors," 18.

24 Conway, Travels in Kensington, 169.

25 Crawford, *Enterprising Women*, 170–1.

26 Garrett and Garrett, *Suggestions for House Decoration*, 2, 5.

27 Cooper, N., *The Opulent Eye*, 8. There were twelve volumes in all in the Art at Home series, including Mrs Orrinsmith' s *The Drawing-Room* (1877), Mrs Loftie' s *The Dining Room* (1877, dated 1878), and Lady Barker' s *The Bedroom and the Boudoir* (1878). Emma Ferry has written in detail about each of the volumes. See, particularly, "Information for the Ignorant and Aid for the Advancing," "The Other Miss Faulkner," and "Any Lady Can Do This without Much Trouble."

28 Ferry, "Decorators May Be Compared to Doctors," 23.

29 Rev. W.J. Loftie, author of *A Plea for Art in the Home* (Macmillan and Co., 1876), in correspondence with his publisher, "Letter to Macmillan," 11 March 1876, cited in Ferry, "Decorators May Be Compared to Doctors," 23.

30 Ibid., 24.

31 Garrett and Garrett, *Suggestions for House Decoration*, 6.

32 See Harrison Moore, "Designing Energy Use in a Rural Setting" ; Gooday and Harrison Moore, "True Ornament?" ; and Harrison Moore and Gooday, "Decorative Electricity."

33 Edwards and Hart, eds., *Rethinking the Interior*, 5–6.

34 Garrett and Garrett, Suggestions for House Decoration, 5–6。加勒特姐妹认为自己是可以被雇用的职业装潢师，但正如潘顿夫人1896年指出的，中产阶级女性那时仍然难以找到职业化的工作。不过后来她也指出：

“如果一栋房子没有真正获得人们的认可，那一定是遗漏了一些细节……我确定，对一个热切期盼艺术氛围的女性来说，这是一个不错的开始——只要她能够说服家具商雇用她——这样的女人肯定会很想参观每一栋刚装修的房子，并记录下即使是最优秀的男性装潢师都会错过的小细节。” Panton, *Suburban Residences*, 62。这证明了加勒特姐妹有多么前卫，她们在1877年就以女性装潢师的身份开始写作并提供建议，而潘顿夫人当时仍然认为女性不可能从事这样的职业。

35 Panton, *Suburban Residences*, 70–1.

36 See, for example, Callen, “Sexual Division of Labour in the Arts and Crafts Movement”; and Parker and Pollock, *Old Mistresses*, 99.

37 Walker, “The Arts and Crafts Alternative.”

38 Ferry, “Decorators May Be Compared to Doctors,” 19. She cites the *Women's Penny Paper*, 18 January 1890, discussing Agnes exhibiting at Bristol, “where only women’s work was admitted.”

39 Garrett and Garret, *Suggestions for House Decoration*, 2.

40 Ibid., 38.

41 Ibid., 53.

42 Ibid., 52–3.

43 Ibid., 66.

44 Ibid., 81.

45 See Harrison Moore and Gooday, “Decorative Electricity.”

46 See Gooday, *Domesticating Electricity*.

47 Interview conducted at Gower Street for the *Women's Penny Paper*, 3 November 1888, quoted in Crawford, *Enterprising Women*, 194.

48 Crawford, *Enterprising Women*, 20–1.

49 Ibid., 66–8.

50 See ibid., 177.

51 Crawford指出，一名“家庭成员”仍然收集了一批黄铜门家具。出处同上，第186页。

52 Ibid., 186–7.

53 戈登夫人出版了她的名著*Decorative Electricity*，很细致地参考了古蒂的作品，出版时间是1891年，比古蒂作品的出版时间迟了10年。

54 Haweis, *The Art of Decoration*, 350.

55 Ibid., 2.

56 Ibid.

57 关于这一点，请参阅古蒂的*Domesticating Electricity*，英国幽默杂志*Punch*曾援引过其中的一张精美图片。家庭装潢是女性个性的体现，这一观点进一步与家庭作为个人道德的反映的观念以及清洁的重要性联系在一起，该观点在19世纪后期极为普遍。加勒特姐妹和霍伊斯夫人提供的建议都将健康和家庭装潢联系在一起。关于健康、卫生和家庭之间关系的历史，出现了越来越多、内容丰富的二手文献，请参阅Tomes, *The Gospel of Germs*; Haley, *The Healthy Body and Victorian Culture*; Kiechle, *Smell Detectives*; and Nash, *Inescapable Ecologies*。

58 "Electric Light and the Metal Crafts," *Art Journal* (October 1904): 321–8.

59 Ibid.

60 Forty, *Objects of Desire*, 112.

61 Edis, "Internal Decoration," 356.

62 Haweis, *The Art of Decoration*, 2.

63 Ibid., 3.

64 Ibid., 18.

65 Ibid., 21.

66 Ibid., 29–30.

67 Ibid., 350.

68 Ibid.

69 Ibid.

70 Ibid., 350–1.

71 Ibid., 351–2.

72 Ibid., 353.

73 "英国比不太城市化、照明条件不太好的美国对照明的需求更大，但是英国国内的市场占比较大的还是燃气行业。"

Hannah, *Electricity before Nationalisation*, 9。Byatt 在 "The British Electrical Industry" 中统计了从1890年到1891年，燃气公司占美国市场份额为68%，而在英格兰和威尔士则几乎为100%。

74 Haweis, *The Art of Decoration*, 353.

75 古蒂 *Domesticating Electricity* 241页的注释。

76 首个大型电力展览是1881年秋天的巴黎电力展览。1882年春，国际电力展览在伦敦的水晶宫举行。见 Gooday, *Domesticating Electricity*, 93–8, and also *The Times*, 23 March 1882。

77 Hannah, *Electricity before Nationalisation*, 4.

78 See, for example, Ihde, *Bodies in Technology*; Luber and Kingery, *History from Things*; and Verbeeck, *What Things Do*.

79 Plotnick, "At the Interface," 815–45. More recently, Sandy Isenstadt has provided a chapter on the electric push button, "At the Flip of a Switch," in *Electric Light*, 24–65.

第五章　改变的角色与性别环境：英国能源工程中的女性

1 Moir and Haslett, "Preface," *Electrical Handbook for Women*, 18.

2 On Bip Pares, see Yasmin Namdjou, "Bip Pares – the Forgotten British Art-Deco Icon," Sulis Fine Art, 21 January 2016, https://www.sulisfineart. com/blog/Bip-Pares-Artist-Spotlight, and "Pares, Ethel 'Bip' (1904–1977)," Radnorshire Fine Arts Ltd, https://www.radnorshire-fine-arts.co.uk/brand/ pares-ethel-bip-1904-1977. There is as yet no entry on Bip Pares in the *Oxford Dictionary of National Biography*.

3 关于能源消费史的介绍，请参阅 Trentmann, ed., *The Making of the Consumer*。关于德国的相关介绍，请参阅 Möllers and Zachmann, eds., *Past and Present Energy Societies*。

4 Gooday, *Domesticating Electricity*.

5 Haslett, *Electrical Handbook*, 16.

6 Hannah, *Electricity before Nationalisation*; Hughes, *Networks of Power*.

7 Roberts, "Electrification."

8 Haslett, *Electrical Handbook*, 17.

9 Ibid., 19–21.

10 Pursell, "Domesticating Modernity." For women' s resilient *non-consumption* of electric energy, see Sprenger and Webb, "Persuading the Housewife to Use Electricity?"

11 Worden, "Powerful Women."

12 Schwartz Cowan, *More Work for Mother*, 100–1.

13 Hughes, Networks of Power.

14 Sayer, "His Footmarks on Her Shoulders."

15 明显的例外是Laura Annie Willson。她与丈夫在英国西约克郡的哈利法克斯市经营着一家建筑公司，负责房屋修建。她既参与了激进的参政权运动，同时也是女性工程协会的联合创始人之一。见Liddington, *Rebel Girls*。

16 Canel, Oldenziel, and Zachmann, *Crossing Boundaries, Building Bridges*。讽刺的是，施瓦茨·柯万在为本书作的前言中并没有将女性从事工程职业的现象与她在《为母亲提供更多工作》中对女性作为被边缘化的家庭主妇的研究结合起来。

17 Gooday, *Domesticating Electricity*; Gordon, *Decorative Electricity*.

18 Gordon, *Decorative Electricity*, 159–60.

19 Ibid., 153. The reference to "drops of golden light" might be to a line in Percy Bysshe Shelley' s *Prometheus Unbound* (London: C & J Ollier, 1820): "By the swift Heavens that cannot stay, / It scatters drops of golden light, / Like lines of rain that ne' er unite; / And the gloom divine is all around."

20 Gordon, *Decorative Electricity*, 159.

21 Ibid., 162–5.

22 Ibid., 168.

23 Ibid., 169ff.

24 Ibid.

25 More wide-ranging discussion of this can be found in work by Sophie Forgan and Graeme Gooday, currently under revisions for *Technology and Culture*.

26 Tyne and Wear Archives, Newcastle: "Lady Katherine [*sic*] Parsons" file 1/PA/254.

27 Houston, "The Hon. Lady Parsons"。我一直没有找到任何关于作者Mary Houston的资料，不知道她是怎么跟东北海岸工程师和造船师学院产生关联的。关于帕森斯家族的女性在该家族的工程事业中发挥了怎样的作用，请参阅 Heald, *Magnificent Women*。

28 Appleyard, *Charles Parsons*, 104.

29 See "Obituary: The Hon. Lady Parsons," *Heaton Works Journal*, December 1933, reproduced on the Women's Engineering Society website, https:// www.wes.org.uk/content/obituary-hon-lady-parsons.

30 For Atalanta, see "Atalanta Ltd," *Grace's Guide to British Industrial History*, https://www.gracesguide.co.uk/Atalanta_Ltd.

31 Houston, "The Hon. Lady Parsons."

32 Ibid.

33 Messenger, *The Doors of Opportunity*, 22–7。Messenger指出，资深选举权活动人士Emmeline Pankhurst明确反对卡洛琳在工程方面的抱负。关于Messenger作品的简要概括可以参考"Caroline Haslett," Engineering Timelines, http://www.engineering-timelines.com/who/haslett_c/haslettCaroline4.asp。

34 See the *Woman Engineer*'s first issue, 1919.

35 Partridge, "The Direct Current Dynamo," 26–7.

36 Haslett, *Electrical Handbook*, 19–21.

37 *Woman Engineer* 1, no. 13 (1922); Locker, "Partridge, Margaret Mary."

38 Messenger, *The Doors of Opportunity*, 30–3。贝尔比夫人可能是英国皇家学会会员、工业化学家 George

Beilby的妻子，他们因一起支持女性进入职业领域而闻名。请参阅HCHC, "George Beilby," https://royalsocietypublishing.org/doi/pdf/10.1098/rspa.1925.0144。

39 Messenger, *The Doors of Opportunity*, 37–46.

40 Ibid., 53.

41 Ibid., 51.

42 Initially it was branded as the Women' s Electrical Association, but to avoid confusion with the by-then well-established Workers Education Association, the name was soon reordered to yield the abbreviation EAW.

43 Messenger, *The Doors of Opportunity*, 50.

44 Ibid., 38–9.

45 Ibid., 54.

46 Messenger, *The Doors of Opportunity*, 48.

47 Ibid., 56–61.

48 See a firsthand account in Scott, *An Electrical Adventure*.

49 Messenger, *The Doors of Opportunity*, 63.

50 Ibid.

51 Caroline Haslett papers, ieT archives, nAesT 33/2.5.1-5.

52 Quoted in P. Scott, *An Electrical Adventure*, 1.

53 Haslett, et al., *Ninth Annual Report of the Electrical Association for Women*, Caroline Haslett papers, ieT Archives.

54 Ibid., 7. Hodder and Stoughton was then renowned as a publisher of educational volumes, and later of autodidactic volumes.

55 Messenger, *The Doors of Opportunity*, 71–2.

56 Worden, "Powerful Women," 147.

57 后来的版本标题没有突出性别差异，第九版出版于1983年，是一般的家庭用电指南。

58 Haslett and Edwards, *Teach Yourself Household Electricity*.

第六章 黑面包和洗衣机：爱尔兰女性的怀旧与态度

1 See O' Brien, "Electric Irish Homes."

2 Schwartz Cowan, *More Work for Mother*.

3 爱尔兰自由邦修建的第一批发电站是水能驱动的——1929年的香农计划（Shannon Scheme）之后，在20世纪40年代和50年代初，又在利河畔建了两座水电站，在利费伊河畔建了三座，在厄恩湖上建了三座。化石燃料转型开始于1949年都柏林的北墙燃油发电站，接着是始运营于1954年的科克郡的马里纳发电站，其采用煤和石油发电。随后是1958年以泥煤发电的莱恩斯伯勒发电站，以及1965年开始运营的位于奥法利郡的香农桥发电站。

4 Ferriter, *The Transformation of Modern Ireland*, 481–2.

5 Ibid., 471–3, 478; Central Statistics Office, "That Was Then, This Is Now."

6 Shiel, *The Quiet Revolution*.

7 Electricity Supply Board, "Electricity Supply Board Forty Third Annual Report," 18.

8 Shiel, *The Quiet Revolution*; Manning and McDowell, *Electricity Supply in Ireland*.

9 Nora from West Cork, interview by Brigid O' Brien, 23 December 2017 (see O' Brien, "Electric Irish Homes"); Eileen Lynch, interview by Mary O' Reilly, 16 December 2016 (see O' Brien, "Electric Irish Homes"). Broader fears and anxieties about electricity are addressed in Ruth Sandwell' s chapter in this volume, as well as Gooday, *Domesticating Electricity*.

10 Nuala Stack, interview by Eleanor Calnan, 11 April 2018 (see O' Brien, "Electric Irish Homes"); Joe Kearney, "Before the Light," 53–5; Garvin, *Preventing the Future*, 102.

11 Electricity Supply Board, "Electricity Supply Board Forty Third Annual Report," 16.

12 Garvin, *Preventing the Future*.

13 *Taoiseach*这个词是爱尔兰语总理和政府首脑的意思，

*Tánaiste*是指副总理。这两个词都源自爱尔兰语中表示领导者或酋长及其法定继承者的词语。

14 Daly, *Sixties Ireland*, 22–5; Ferriter, *The Transformation of Modern Ireland*, 545; Ó' Gráda, *A Rocky Road*, 74–5; Shiel, *The Quiet Revolution*.

15 Electricity Supply Board, "Electricity Supply Board Forty Third Annual Report."

16 McCoole, *No Ordinary Women*.

17 MacPherson, "Women, Home and Irish Identity," 6–8, 34, 134–226.

18 这一条款目前仍然是爱尔兰宪法中的一条，尽管有人呼吁要在2018年举行公投，要么废除该条款，要么使其性别中立化，但截止本文撰写时，还没有这样的行动。"Bunreacht Na hÉireann," article 41.2; Gleeson and Logue, "Referendum on 'Sexist' Reference to Women' s Place in the Home Postponed"。

19 Daly, *Sixties Ireland*, 151–61; Beaumont, "Women, Citizenship and Catholicism in the Irish Free State," 563–85.

20 Connolly, *The Irish Women's Movement*, 239–41; Clear, *Women of the House*, 214.

21 该研究从2016年7月持续到2019年12月，由英联邦艺术与人文研究委员会提供资金支持，金斯顿大学与爱尔兰国家博物馆合作完成。我是其中的主要调查学者，主要的成果是"Kitchen Power: Women' s Experiences of Rural Electrification"展览，这次展览于2019年7月在爱尔兰国家博物馆乡村生活馆举行，还有一部相关专著即将出版。

22 受访者中有6位已经退休的电力供应委员会女性成员和4位男士，其中两位男士曾于20世纪60年代担任该委员会成员，还有两位想要谈论一下他们母亲的经历。本章主要关注的是农村电力化过程中非职业女性的体验。研究使用的受访者招募方法为"滚雪球抽样"，在这种方法中，参与者会为研究项目招募其他参与者，利用他们的社交网络去结识那些难以接触的参与者。

23 抽样人群仅限于爱尔兰共和国，因为北爱尔兰地区的电力化不是由爱尔兰电力供应委员会负责的，而且20世纪50和60年代时，北爱尔兰与爱尔兰共和国的政治和经济发展情况也不一样。尽管如此，在来自莫纳亨郡边防小镇科隆斯的受访者中，也有一些出生于北爱尔兰弗马纳郡。这群受访者中还有两位是20世纪50年代时从爱尔兰移居（到英格兰和澳大利亚）的，但20世纪60年代时因为婚姻关系回到了爱尔兰。这些受访者与积极参与访谈项目的爱尔兰乡村妇女协会成员们通信往来。

24 包括这一时期在内的主要学术研究为Caitriona Clear对20世纪早期女性家务劳动的研究，还有Michael Shiel的农村电力化史以及Maurice Manning 和 Moore McDowell写的电力供应委员会的历史及基本结构。请参阅 Clear, *Women of the House*;Shiel, *The Quiet Revolution*; and Manning and McDowell, *Electricity Supply in Ireland*, 123–42. More recent work includes that of Rhona Richman Keneally, "Tastes of Home in Mid-Twentieth-Century Ireland," and Ciara Meehan, "Modern Wife, Modern Life"。

25 Anne Joye, interview by Brendan Delany, 21 March 2003 (see O' Brien, "Electric Irish Homes"); Irish Life and Lore, "Search: esb" ; Digital Repository of Ireland, "Life Histories and Social Change Collection."

26 P. Thompson, "The Voice of the Past," 36.

27 Portelli, "What Makes Oral History Different," 56–7.

28 这一点与 Bozzoli采访的南非黑人女性相反，请参阅 "Interviewing the Women of Phokeng," 217–19。

29 Kathleen McQuillan, interview by Geraldine O' Connor, 16 February 2017 (see O' Brien, "Electric Irish Homes").

30 "好吃的面包" 出现在5次采访中，指按传统方式在篝火上用铁炉烤出的面包。

31 Doyle, "A Study of Traditional Hearth Furniture and the Hearth."

32 Shiel, *The Quiet Revolution*, 192.

33 全国面包烘焙大赛始于1952年，由爱尔兰农村妇女协会和英国GEC公司举办。esb Archives, “National Breadbaking Championships” ; Aldi, “The National Brown Bread Baking Competition” 。

34 Noreen Brady, interview by Geraldine O’ Connor, 17 February 2017 (see O’ Brien, “Electric Irish Homes”).

35 Boym, *The Future of Nostalgia*, 12.

36 SuperValu, “About Supervalu” .

37 Hewison, *The Heritage Industry*, 10, 143–4; Campbell, Smith, and Wetherell, “Nostalgia and Heritage,” 609.

38 Campbell and Smith, “Nostalgia for the Future,” 613.

39 Noreen Durken, interview by Mary O’ Reilly, 13 December 2016 (see O’ Brien, “Electric Irish Homes”).

40 Garvin, *Preventing the Future*; Ferriter, *The Transformation of Modern Ireland*, 450–622; T. Brown, *Ireland*; Daly, *Sixties Ireland*.

41 For example, *REO News*, 3; Fitzpatrick, 8–9.

42 Ciunas Bunworth, interview by Sorcha O’ Brien, 13 March 2017 (see O’ Brien, “Electric Irish Homes”).

43 Maureen Gavan, interview by Geraldine O’ Connor, 22 February 2017 (see O’ Brien, “Electric Irish Homes”).

44 Noreen Durken, interview by Mary O’ Reilly, 13 December 2016 (see O’ Brien, “Electric Irish Homes”); Maureen Gavan, interview by Geraldine O’ Connor, 22 February 2017 (see O’ Brien, “Electric Irish Homes”); Josephine Helly, interview by Eleanor Calnan, 11 April 2018 (see O’ Brien, “Electric Irish Homes”).

45 Larkin, “The Devotional Revolution in Ireland,” 625–52.

46 Campbell and Smith, “Nostalgia for the Future,” 613.

47 “Our Consumers,” *REO News*, 1950, 1.

48 Electricity Supply Board, “What a Unit Can Do” ; “Save Time and Labour.”

49 Ciunas Bunworth, interview by Sorcha O’ Brien, 13 March 2017 (see O’ Brien, “Electric Irish Homes”); Delo from Galway, interview by Sorcha O’ Brien, 6 June 2017 (see O’ Brien, “Electric Irish Homes”).

The iCA were avowedly “not feminist” during this time period, but engaged in work improving women’s lives within the system, which comes under the description of “maternal feminism.”

50 Mamo McDonald, interview by Geraldine O’Connor, 28 February 2017 (see O’Brien, “Electric Irish Homes”).

51 Geraldine O’Reilly, interview by Geraldine O’Connor, 20 February 2017 (see O’Brien, “Electric Irish Homes”).

52 Schwartz Cowan, *More Work for Mother.*

53 “编织”被29次采访提及，“缝纫”被19次采访提及。尤其是阿兰毛衣（Aran jumpers，一种传统的爱尔兰手工编织毛衣）的编织。20世纪时，毛衣从家庭纺织制作转变为计件制作。这是在19世纪女权运动的基础上发展起来的，这些运动让爱尔兰女性学会了编织花纹。请参阅Corrigan, *Irish Aran*。

54 Boym, *The Future of Nostalgia*, 10.

55 Maura McGuinness, interview by Mary O’Reilly, 12 December 2016 (see O’Brien, “Electric Irish Homes”).

56 Campbell and Smith, “Nostalgia for the Future,” 623.

57 这些社会战略包括示范厨房、培训课程以及协会举办的访谈等。这一点会在我即将出版的专题论文*Kitchen Power*中有详细探讨。

58 Connolly, *The Irish Women's Movement*; Connolly and O’Toole, *Documenting Irish Feminism.*

第七章　大加速时代的复杂行为：德国鲁尔区的女性与能源

1 Coal is used throughout the chapter to denote bituminous coal (classification by the United Nations Economic Commission for Europe). In German it is called *Steinkohle* (hard coal excluding anthracite). I am using hard and bituminous coal interchangeably. Another major energy source in Germany, especially for electricity generation, is lignite coal, which is not mined in the Ruhr area.

2 Schneider, “Bild – Geschichte,” 12.

3 能源献祭区的概念主要用于描述大规模煤炭生产对于阿巴拉契亚地区造成的环境影响。见 Jones, “A Landscape of Energy Abundance”, 472; Bell and Braun, “Coal, Identity, and the Gendering of Environmental Justice Activism in Central Appalachia”。

4 V. Hall, *Women at Work*, 21.

5 清洗矿工衣物这种活儿既是家务，也可以算作市场劳动，请参阅 Dorothee Wierling, “Alltagsgeschichte und Geschichte der Geschlechterbeziehungen”,181。

6 *Einheit*, 7.

7 Schwartz Cowan, *More Work for Mother*, 4.

8 De Jong, “‘Sklavin’ oder ‘Hausdrache’?,” 45–50.

9 Schwartz Cowan, *More Work for Mother*, 210.

10 Ibid., 6–7, 193. See also Wierling, “Alltagsgeschichte und Geschichte der Geschlechterbeziehungen,” 182.

11 AGEB, “Struktur des Energieverbrauchs.”

12 Abelshauser, *Der Ruhrkohlenbergbau seit 1945*; Nonn, *Die Ruhrbergbaukrise*.

13 AGEB, “Primärenergieverbrauch.”

14 Petzina, “Wirtschaft und Arbeit im Ruhrgebiet,” 507.

15 Crutzen and Stoermer, “The ‘Anthropocene.’”

16 McNeill and Engelke, *The Great Acceleration*, 4.

17 Ibid., 27.

18 Ibid., 6.

19 Ibid.,40.

20 这被称作石化文化（Petrocultures）。然而，由于这一概念将石油视为主导能源，所以不足以彰显出其他碳氢化合物（如煤炭）的重要性。在本文案例研究时期，煤炭在该地区的社会和经济生活中占据主导地位。Petrocultures Research Group, *After Oil*。

21 Kaschuba, “Volkskultur und Arbeiterkultur als symbolische Ordnungen,” 199。Jane Long 指出，女性因“她们的性别和阶级地位而双重失声”。Long, *Conversations in Cold Rooms*, 4, quoted in V. Hall,

Women at Work, 6. See also V. Hall, *Women at Work*, 19, 173。

22 E.A. Wrigley用有机经济和矿物经济来区分以生物质能源为基础的社会和以化石能源为基础的社会。Wrigley, *Continuity, Chance and Change*。

23 Results were published in four edited volumes: Niethammer, ed., "*Die Jahre weiß man nicht, wo man die heute hinsetzen soll*"; Niethammer, ed., "*Hinterher merkt man, daß es richtig war, daß es schiefgegangen ist*"; Niethammer and von Plato, eds., "*Wir kriegen jetzt andere Zeiten*"; and von Plato, ed., "*Der Verlierer geht nicht leer aus.*"

24 The project was carried out by the Stiftung Geschichte des Ruhrgebiets in cooperation with the Deutsches Bergbau-Museum Bochum. It was funded by the rAg Aktiengesellschaft, https://menschen-im-bergbau.de/uber-das- projekt (accessed 24 November 2019).

25 The award-winning project was commissioned by the Regionalverband Ruhr and the Land North Rhine–Westphalia, http://www.zeit-raeume.ruhr (last accessed 8 July 2020).

26 Fletcher, "History from Below Comes to Germany"; Lindenberger, et al., "Radical Plurality"; Schöttler, "Die Geschichtswerkstatt e.V."

27 de Jong, ed., *Kinder, Küche, Kohle – und viel mehr!*

28 Lüdtke, "Einleitung," 15.

29 Medick, "'Missionare im Ruderboot'?," 56.

30 Ibid.; Lüdtke, "Einleitung"; Wierling, "Alltagsgeschichte und Geschichte der Geschlechterbeziehungen."

31 Goch, "Betterment without Airs," 89–90, 94.

32 Ibid., 94. See also Goch, *Eine Region im Kampf mit dem Strukturwandel.*

33 Günter, *Mündlicher Geschichtsschreibung*, 13, 28–9.

34 Tenfelde, "Vom Ende und Anfang sozialer Ungleichheit," 281.

35 Mosley, *The Chimney of the World*, 55.

36 Brüggemeier and Rommelspacher, *Blauer Himmel über der Ruhr*, 66–72.

37 Baroth, *Aber es waren schöne Zeiten*, 25–6.

38 Frau W., Frau S., Frau J., and Frau M., "'Wir hatten immer den Ruß auf dem Fensterbrett' – Putzen neben dem Pütt," dokument 229, in de Jong, *Kinder, Küche, Kohle*, 64.

39 Ibid.

40 Skeggs, *Formations of Class and Gender.*

41 Aufenanger, "Der Familienskandal."

42 Bergerhoff-Wodopia, "'Auch die Nachbarn waren alle Bergleute' : Kindheitserinnerungen an ein Leben mit dem Bergbau." See Stiftung Geschichte des Ruhrgebiets, "Menschen im Bergbau." Accessed 30 November 2019. https://menschen-im-bergbau.de/menschen/b.

43 de Jong, "Bergarbeiterfrauen," 74.

44 V. Hall, *Women at Work*, 7, 65.

45 Schwartz Cowan, *More Work for Mother*, 6.

46 De Jong, ed., "···*und die Wäsche, die war schwarz, ja, wie die Kohle!*," 4, 9.

47 Quoted in de Jong, ed., "···*und die Wäsche*," 4.

48 Quoted in de Jong, ed., "···*und die Wäsche*," 12.

49 Frau W., Frau J., Frau N., Frau M., and Frau K., quoted in de Jong, ed., "··· *und die Wäsche*," 18.

50 Frau W., Frau N., and Frau K., quoted in de Jong, ed., "···*und die Wäsche*," 7–8, 11–12.

51 Schwartz Cowan, *More Work for Mother*, 6.

52 Abelshauser, *Der Ruhrkohlenbergbau seit 1945.*

53 Frau M., Frau J., Frau S., and Frau W., "'Das Bohnern, das war Samstagarbeit!' – Auf Knien über Steinholz, Stragula und PVC," dokument 230, in de Jong, *Kinder, Küche, Kohle*, 66.

54 Schuchmann, "Kindheit in einer Bergmannsfamilie in

den 60er Jahren."

55 Housewife, born 1928, "' Doch schon recht gemütlich' : Leben in der Dreieckssiedlung," in Stadt Recklinghausen (ed.), *Hochlarmarker Lesebuch*, 236.

56 Meyer-Renschhausen, *Energiepolitik in der BRD*, 28–9; J. Clark, *The Political Economy of World Energy*, 28, 62; Burckhardt, *Der Energiemarkt in Europa*, 47.

57 Schwartz Cowan, *More Work for Mother*, 196.

58 "Niederschrift über die Sitzung im Bundeskanzleramt am 6. August 1958," in Martiny and Schneider, eds., *Deutsche Energiepolitik seit 1945*, dokument 32.

59 Spiegelberg, *Energiemarkt im Wandel*, 30.

60 Housewife, born 1937, "Ich muß immer etwas zu tun haben," in Stadt Recklinghausen, ed., *Hochlarmarker Lesebuch*, 241.

61 Housewife, born 1928, in Stadt Recklinghausen, ed., *Hochlarmarker Lesebuch*, 235.

62 See also Yong-Sook, "Just a Housewife?"

63 "Werbespots: Kommissar Gluto," 4 mins., colour, ca. 1972–1974, Montanhistorisches Dokumentationszentrum (montan.dok), Deutsches Bergbau-Museum, Bochum.

64 Ludwig Windstosser, "Werbeaufnahme (Ruhrkohle)," in Schneider, ed., *Als der Himmel blau wurde*, photographs 299, 322.

65 德国是20世纪20年代率先实现区域供暖的国家之一。德国通过鲁尔区的燃气管道输送供暖用的煤气。1926年，鲁尔煤气股份公司成立，负责分销煤矿焦化厂提供的煤气。20世纪60年代初，该公司的煤气仍然是焦炭生成的，但1970年时，天然气已经占据了70%的产出份额。想要了解鲁尔煤气股份公司的历史，请参阅Bleidick, *Die Ruhrgas 1926 bis 2013*。

66 Abelshauser, *Der Ruhrkohlenbergbau seit 1945*, 89–93.

67 Brüggemeier, "A Nature Fit for Industry," 37. See also Nonn, "Vom Naturschutz zum Umweltschutz."

68 Brüggemeier, "A Nature Fit for Industry," 37.

69 Brüggemeier and Rommelspacher, *Blauer Himmel über der Ruhr*, 63.

70 Berta S., Hochfeld, "Soll in Hochfeld wohnen," *Westdeutsche Allgemeine Zeitung*, 24 and 25 September 1959, quoted in Brüggemeier and Rommelspacher, *Blauer Himmel über der Ruhr*, 206.

71 Mathilde E., Meiderich "Kinder sind in Gefahr," *Westdeutsche Allgemeine Zeitung*, 24 and 25 September 1959, quoted in Brüggemeier and Rommelspacher, *Blauer Himmel über der Ruhr*.

72 For a reproduction of selected photographs cf. "Kohle und Kommerz," *Die Zeit*, 2 June 2014, https://www.zeit.de/wirtschaft/2014-05/fs-chargesheimer-ruhrgebiet.

73 Böll, "Im Ruhrgebiet," 361.

74 Dolata-Kreutzkamp, *Die deutsche Kohlenkrise im nationalen und transatlantischen Kontext*.

75 "Bergarbeiter-Demonstration: Beinahe militant," *Der Spiegel* 40, 30 September 1959, 12–14, https://magazin.spiegel.de/EpubDelivery/spiegel/pdf/42622758.

76 Schneider, ed., *Als der Himmel blau wurde*, 78–84.

77 Adam, Reinhold, "'Mittlerweile habe ich mich daran gewöhnt': Schwierigkeiten durch den frühen Ruhestand." See Stiftung Geschichte des Ruhrgebiets, "Menschen im Bergbau," accessed 30 November 2019, https:// menschen-im-bergbau.de/menschen/reinhold-adam.

78 V. Hall, *Women at Work*, 44. See also "Raueninitiative war die Schulung fürs Leben," *Rheinische Post*, 19 April 2014.

第八章 人类世的女性：20世纪英国的能源、女性机构和家庭

1 Petrie, "A Demonstrator's Work in the North of

Scotland," 497.

2 North of Scotland Hydro-Electric Board (nsHeb), *Annual Report and Accounts 1963*, 20.

3 Ibid., 19.

4 Pursell, "Domesticating Modernity," 47–67; Clendinning, *Demons of Domesticity*; Gooday, *Domesticating Electricity*.

5 Department for Business, Energy and Industrial Strategy. *2016 UK Greenhouse Gas Emissions, Final Figures*, 24–5. This is in addition to emissions arising from the generation of electricity *used* in the home.

6 Crutzen and Stoermer, "The Anthropocene," 17–18; Chakrabarty, "The Climate of History," 197–222. Cf. McAfee, "The Politics of Nature in the Anthropocene," 65–72; Meyer, "Politics In – but Not Of – the Anthropocene," 47–51; T. Cooper, "Why We Still Need a Human History in the Anthropocene." For existing connections, see, for example, Sandwell, "Pedagogies of the Unimpressed," 36–59; MacGregor, "Go Ask 'Gladys'"; Otter, et al., "Roundtable: The Anthropocene in British History," 584, 591.

7 Malm and Hornborg, "The Geology of Mankind?," 64; Malm, *Fossil Capital*; Moore, ed., *Anthropocene or Capitalocene?*; Moore, "The End of Cheap Nature," 1–31; Connell, "Foreword: Masculinities in the Sociocene," 6.

8 Moore, "The End of Cheap Nature," 288, 301–2; also Fraser, "Behind Marx's Hidden Abode," 55–72; Arruzza, Bhattacharya, and Fraser, Feminism for the 99%, 53.

9 See note 23.

10 On distributed agency, see Wilhite, "Energy Consumption As Cultural Practice," 60–72.

11 *Select Committee on Nationalised Industries*, 482; Chick, "Time, Water and Capital," 29–55.

12 Johnston, T., *Memories*, 181; "Hydro-Electric Development (Scotland) Bill."

13 Smout, *Nature Contested.*

14 sdd, *Electricity in Scotland*, 155; Scottish Office, *Report of the Committee on Hydro-Electric Development in Scotland*, 47.

15 For diesel, see sdd, *Electricity in Scotland*, 147, 156–62. See also nsHeb, *Annual Report 1952*, Appendix 7, pages 3, 4, 5, 11, 15; nsHeb, *Annual Report 1953*, 14, 16–17, map; nsHeb, *Annual Report 1972*, 3, 4, 9–11; and Payne, *The Hydro*, tables 24, 25.

16 Petrie, "A Demonstrator' s Work in the North of Scotland," 496–7. See also "Electrical Cooking," *Orkney Herald, and Weekly Advertiser and Gazette for the Orkney & Zetland Islands*, 6 April 1948, 4; "By Kirsteen," *Aberdeen Evening Express*, 1 April 1952, 4; and "Sealing the Cookers," *Aberdeen Evening Express*, 16 December 1954, 11. Petrie came from Tankerness; Lydia Smith from Shapinsay.

17 Petrie, "A Demonstrator' s Work in the North of Scotland," 497. See also "Smaller Electricity Bills," *Aberdeen Journal*, 2 December 1942, 4; "Electricity or Gas," *Scotsman*, 20 May 1950, 5; "Gas Board Will Seek Conference," *Aberdeen Evening Express*, 9 April 1952, 5; "Gas V. Electricity Grouse: Tenants Don' t Get Free Choice," *Dundee Courier*, 10 April 1952, 2; and nsHeb, *Annual Report 1953*, 23. For local authorities as "multiple" or "proxy consumers" of appliances, see Schwartz Cowan, "The Consumption Junction," 266, 269, 270; and Trentmann and Carlsson-Hyslop, "The Evolution of Energy Demand in Britain," 807–39.

18 Petrie, "A Demonstrator' s Work in the North of Scotland," 497–8. See also nsHeb, *Annual Report 1972*, 3, 13, map ix. For load factor, see Hughes, *Networks of Power*, 217–21; and Roberts, "Electrification," 68–112.

19 Hughes, *Networks of Power*, 364.

20 Brassley, Burchardt, and Sayer, "Conclusion: Electricity, Rurality and Modernity," 221–45.

21 Savage, *Rural Housing*; Thresh, *The Housing of the Agricultural Labourer*; Ministry of Health, *Rural Housing*, 15, 41; Smith, M., *A Guide to Housing*; Ambrose, *The Quiet Revolution*, 190–1; sdd, *Electricity in Scotland*, 151; Gillott, "Domestic Load Building," 197–202.

22 "Electrifying the Home," *Aberdeen Journal*, 26 February 1927, 6; "Fife Housewives' Protest: Gas Meter Alterations Resented," *Dundee Courier*, 12 December 1934, 7.

23 Petrie, "A Demonstrator's Work in the North of Scotland," 496, 497. See, for example, South West Electricity Consultative Council Chairman in "Women Are Leaving Countryside: Current Is their Great Need," *Western Daily Press*, 6 July 1949, 6.

24 Schwartz Cowan, "The Consumption Junction," 253–72; Parr, "What Makes Washday Less Blue?," 153–86; Sandwell, "Pedagogies of the Unimpressed"; Sandwell, "How Households Shape Energy Transitions," 23–30; Oldenziel, "Man the Maker," 128–48; Gooday, *Domesticating Electricity*.

25 Taylor and Chappells, "What Consumers in the Past Tell Us About Future Energyscapes," 11–21. For credit, see 1974 Consumer Credit Act, 1975 Sex Discrimination Act.

26 Schwartz Cowan, *More Work for Mother*.

27 妇女健康调查委员会成立于1933年，包括了如下组织机构：家庭科学管理协会（全国女性协会）、助产士学院、全国公民平等委员会、全国城镇妇女联合协会、北肯辛顿妇女福利机构、女工组织常设联合委员会、女性公共健康官员协会、女性合作协会，以及全国女性自由联合会。请参阅Spring Rice, *Working-Class Wives*, 196–7。

28 Petrie, "A Demonstrator's Work in the North of Scotland," 496, 498.

29 Ibid., 498.

30 Meller, "Women and Citizenship," 234–5; Llewellyn, "Designed by Women and Designing Women," 42–60; Hannam, "Women As Paid Organizers and Propagandists," 69–88; Cowman, "'*From the Housewife's Point of View*,'" 352–83.

31 Petrie, "A Demonstrator' s Work in the North of Scotland," 496.

32 黑屋曾在苏格兰群岛和主陆沿海岸地区尤为盛行。自19世纪末期之后，住房改革者和一些地主很排斥这样的房子。

33 "Electrifying the Home," *Aberdeen Journal*, 26 February 1927, 6.

34 "The Plight of the Highland Crofter: Starvation in the Hebrides," *Illustrated London News*, 8 March 1924, 10.

35 nsHeb, *Annual Report 1952*, appendix VII, 4. See also British Pathé, "Peat" ; British Pathé, "Peat Utilisation Scheme" ; Scottish Film Council, et al., *Crofter Boy*. For photographs, see, for example, "The 'Buts' of Lewis," *Picture Post*, 28 May 1955 (Malcolm Dunbar photo); and "The Crofters' Isle," *Picture Post*, 3 September 1955 (Bert Hardy photo) (Hulton Archive/Getty Images). See also discussion in Fleetwood, "The Electrification of Scotland," 79–80.

36 SHAC, *Report on Rural Housing in Scotland*, 90; sHAC, *Distribution of New Houses in Scotland*, for example, 92–6, 205; Box and Thomas, "The Wartime Social Survey," 164–7.

37 Hutchinson, *The Social Survey*, 9, 27–8, tables 21, 22, 23, 32, 33, appendix II. The provision of electricity to rural areas did not succeed in stemming the depopulation of the Highlands. See also Payne, *The Hydro*, 206.

38 "Electrifying the Home," *Aberdeen Journal*, 26 February 1927, 6.

39 Thompson, "Women on Electricity Committees," 334–5. For women' s authority in reaching female consumers, see Gooday, *Domesticating Electricity*, 33–4.

40 "Clause 7 (Consultative Councils)," HC Deb 24 June 1947. For the Housewives' League, see McCarty, "Irene May Lovelock (1896–1974)," in *Dictionary of National Biography*.

41 Tivey, "Quasi-Government for Consumers," 137–51; Hilton, *Consumerism in Twentieth-Century Britain*, 147–9.

42 NSHEB, *Annual Report 1953*, appendix VI, Consultative Council Report; nsHeb, *Annual Report 1963*, appendix V, Consultative Council Report; nsHeb, *Annual Report 1972*, appendix VIII, Consultative Council Report; "Written Answers," HC Deb 19 January 1968.

43 NSHEB, *Annual Report 1953*, 4–5; nsHeb, *Annual Report 1963*, vi–viii; nsHeb, *Annual Report 1972*, v–vii. See, however, the call for woman on the board from George Thomson, Labour MP for Dundee East, and Dame Irene Ward, Tynemouth MP: "North of Scotland Hydroelectric Board (Report and Accounts)," HC Deb 27 January 1958.

44 Mosley, "Clearing the Air."

45 20世纪60年代，这些人群被命名为"Teens and Twenties"。请参阅Taylor, "Material Cultures of Energy," interview no. 4, 10 March 2016。

46 见 Sex Disqualification (Removal) Act 1919 and "Civil Service Marriage Bar (Abolition)," HC Deb 15 October 1946。尽管1946年公务员婚姻禁令进行了修改，但苏格兰和其他地区的地方当局仍然继续执行禁令。"Married Women: Employment in Municipal Service," Scotsman, 16 January 1946, 6; "Employment of Married Women: Dundee Committee's Discussion," Scotsman, 27 December 1946, 3; and "Time Limit on Civic Jobs for Mrs," Dundee Courier, 23 April 1952, 2.

47 Haslett, "Electricity in the Home," 651–2. For Haslett, see also Gooday in this volume.

48 MCe Oral History Interview, no. 4, 10 March 2016

(VT). For the professionalization of home economists, see Pratt, "Home Economics Subject Development in the Context of Secondary Education," 33, 93–4, 108–10.

49 Hannah, *Engineers, Managers, and Politicians*, table A2.

50 MCe Oral History Interview, no. 3, 2 March 2016 (VT). Likely to have happened around 1968 to 1971.

51 Ibid.

52 MCe Oral History Interview, no. 5, 10 March 2016.

53 Ibid.

54 See, for example, "City Notes: Lady Howe Takes Shopkeepers to Task," *Birmingham Daily Post*, 16 March 1978, 8.

55 For example, Coedpoeth CAMeo (Come and Meet Each Other), North Wales. MCe Oral History Interview, no. 8, 12 March 2016 (VT).

56 Walsh and Wrigley, "Womanpower," 2, table 1. See also Baroness Elliot of Harwood in "Women in Industry and the Home," Hl Deb 19 June 1963.

57 Department for Communities and Local Government, *The English Indices of Deprivation 2010*, 15–16.

58 这里的燃料贫困是指：为了维持令人满意的供暖系统，需要将收入的10%以上用于所有家庭燃料的使用。Scottish Government (Housing and Social Justice Directorate), "Scottish House Condition Survey: 2017 Key Findings" (4 December 2018), Sections 4, Nos. 137, 145, 180–1, https://www.gov.scot/publications/scottish-house-condition-survey-2017-key-findings/pages/6 (accessed 10 November 2019).

59 Gibson, et al., "Climate Change and Household Dynamics," 4.

60 Fraser, "Behind Marx' s Hidden Abode," 69.

图书在版编目（CIP）数据

持家的人：女性劳动与能源变革 /
(英)阿比盖尔·哈里森·摩尔，(加)R.W. 桑德威尔编；李菲译．—
北京：中国工人出版社，2024.5
书名原文：In a New Light: Histories of Women and Energy
ISBN 978-7-5008-8162-9

Ⅰ.①持… Ⅱ.①阿… ②R… ③李… Ⅲ.①女性—
社会生活—研究—世界②能源发展—研究—世界 Ⅳ.
①C913.68 ②F450.62

中国国家版本馆 CIP 数据核字 (2023) 第 049684 号

著作权合同登记号：图字 01-2022-1423

持家的人：女性劳动与能源变革

出 版 人	董　宽
责任编辑	陈晓辰
责任校对	张　彦
责任印制	黄　丽
出版发行	中国工人出版社
地　　址	北京市东城区鼓楼外大街 45 号　邮编：100120
网　　址	http://www.wp-china.com
电　　话	（010）62005043（总编室）（010）62005039（印制管理中心） （010）62001780（万川文化出版中心）
发行热线	（010）82029051　62383056
经　　销	各地书店
印　　刷	北京市密东印刷有限公司
开　　本	880 毫米 ×1230 毫米　1/32
印　　张	8.75
字　　数	200 千字
版　　次	2024 年 7 月第 1 版　2024 年 7 月第 1 次印刷
定　　价	62.00 元